外国語教育を変えるために

境 一三・山下一夫・吉川龍生・縣 由衣子

SANSHUSHA

もくじ

はじめに　6

第1章　変わる外国語教育・変える外国語教育　山下一夫　9

理論　大学の外国語教育と新学習指導要領　10

1.1　大学における外国語授業の問題点　10

Column 第二外国語と「英語以外の外国語」　11

Column 大学設置基準の大綱化による単位数削減　13

Column 学習指導要領の改訂　15

1.2　新学習指導要領とは　16

1.3　逆向き設計　20

Column 「授業時間外の学修」と「課題や試験のフィードバック方法」　21

実践　資質・能力と逆向き設計から授業をデザインする　22

1.4　逆向き設計による大学一年生選択必修外国語科目（中国語）のシラバスの例　22

1.5　逆向き設計による大学一年生必修外国語科目（英語）のシラバスの例　25

1.6　［参考］逆向き設計による高校一年生必修外国語科目（英語）の「指導と評価の計画」の例　29

1.7　資質・能力論からの指導案　32

第2章　評価可能なパフォーマンス　縣 由衣子　37

理論　パフォーマンス評価　38

2.1　文法を詰め込むだけの授業はもうやめよう　38

2.2　パフォーマンス課題と年間指導案　39

2.2.1 「学習」の内容を「使う」ために　39

Column 真正の評価論に基づく課題の設定　41

2.2.2 パフォーマンス課題のオーセンティシティ 42
2.2.3 パフォーマンス評価に含められるべきスキル 43
2.2.4 年間の授業計画の中でのパフォーマンス評価の位置付け 44
2.3 ルーブリック評価 45
2.3.1 パフォーマンス課題をどう評価するか 45
2.3.2 ルーブリックの作り方 47
Column ルーブリックを作るために 47
2.3.3 学習のツールとしてのルーブリック 49
2.4 パフォーマンス課題を可能にするアシスト 51

実践 **パフォーマンス課題とルーブリック** 52

2.5 大学初習中国語授業におけるパフォーマンス課題の例 52
2.6 大学初習ドイツ語授業におけるパフォーマンス課題の例 56
2.7 高校初習ドイツ語授業におけるパフォーマンス課題の例 63

第3章 CEFRの複言語主義とメタ言語能力 境 一三 71

理論 **複言語・複文化教育** 72

3.1 複言語・複文化教育の入口——CEFRを手がかりに 72
3.2 複言語主義と多言語主義 72
3.3 二重の単言語主義 73
3.4 英語一辺倒ではならない 75
3.5 日本の現状 75
3.6 すべての言語・文化は等価である 78
3.7 二つの複言語主義 79
3.7.1 能力としての複言語 79
3.7.2 価値としての複言語 79
3.8 複言語主義を取り入れた授業 83

3.8.1 同時にいくつもの言語を比較する 84
3.8.2 一つの言語を学びながら他の言語に触れる 86
3.9 第二外国語は初習か？ 89
3.9.1 英語による言語学習スキル・ストラテジーの獲得 90
3.9.2 英語による言語意識の向上 91
3.10 メタ言語能力 93

実践 **メタ言語能力を高める授業** 95

3.11 メタ言語能力を高める授業 95
3.11.1 スペイン語世界の多様性 95

第4章 アフターコロナの外国語授業 吉川龍生 103

Column LMS 105

理論 **「やらされ」オンライン授業から、前向きな授業改善へ** 106

4.1 ラクをする技術 107
4.2 まずLMSを活用する——逆向き設計・ルーブリックも活かす 109
4.3 Web会議システムの使い道 111
Column テディベア・プロジェクト 112
Column 合理的配慮 113
4.4 機械翻訳・オンライン辞書——メタ言語能力を養成する 114
4.5 デジタル時代に紙の辞書を使い倒す 117
Column 辞書引き学習 117
4.6「ラクをする技術」のその先へ 120

実践 **ちょっとICTを使ってみませんか？** 121

4.7 初級レベルの授業向け 121
4.8 中級レベル以上の授業向け 127

第5章　すぐに使える実践例　縣 由衣子　境 一三　山下一夫　吉川龍生　143

5.1 自分のルーツの国・地方の言語・方言を韓国語で紹介する　山下一夫　144
5.2 「絶滅危惧種の動物を救うために何ができるか」というテーマでフランス語のスピーチを行う　山下一夫　149
5.3 対話の要素を加えた自己紹介の発展型課題　吉川龍生　152
5.4 海外の交流校の学生と中国語でオンライン交流を行う　山下一夫　159
5.5 オンラインのさまざまなtips①Quizlet　吉川龍生　162
5.6 オンラインのさまざまなtips②Flipgrid　境 一三　164
5.7 オンラインのさまざまなtips③Padlet　縣 由衣子　167
5.8 機械翻訳と地域研究　吉川龍生　171

おわりに　174

索引　176
参考文献一覧　180

著者略歴　184

はじめに

日本の外国語教育は変わらねばならず、また変えていかねばなりません。本書はそのように考える私たちからのメッセージです。

現在、日本の外国語教育を取り巻く環境は大きく変わりつつあります。まずはICTの発展と普及です。LMSやWeb会議システムが普及し、機械翻訳の精度も格段に上がりました。また外国からの移民や観光客が急速に増加したことで、街を歩いただけでさまざまな言語を耳にするようになり、外国語を使って直接コミュニケーションを取る必要が生じました。さらにCEFRの存在が知られるようになり、can-doの考え方が中等教育の現場で導入されるなど、外国語教育についての新しい考え方が広まってきています。こうした状況の中で、変化が求められているのです。

本書が主な読者として想定しているのは、コリア語、スペイン語、中国語、ドイツ語、フランス語、ロシア語などのいわゆる「第二外国語」を大学で担当している先生方です。日本の一部には、「グローバル化の進展」の中で学生たちに英語を身につけさせなければならない、そのためには「第二外国語」のようなものに無駄な時間を費やすべきではない、と主張する人々がいます。もちろんこれは誤った考えですが、一方で、もし何十年も前に自分が外国語を教わった方法をそのまま反復しているだけで、現在の新しい状況と向き合っていないならば、自信を持って「第二外国語」の学習の必要性を主張することはできないでしょう。また外国語教育についての新しい考え方に触れてはいても、理解が不十分な場合には、うまく授業の改善を図ることは難しくなります。例えばCEFRについては、A1からC2の「共通参照レベル」が独り歩きして、あたかもそれこそがCEFRだとする誤解が広まっていますが、それはCEFRの一部に過ぎず、その根幹にあるのは「複言語・複文化主義」の主張です。この点を押さえておかないと、本当の意味でCEFRを自分の授業に生かすことはできません。本書はこうした問題について一つ一つ解説していきます。

また本書の内容は、中学校や高等学校で「英語以外の外国語科目」を教えている先生方にも役に立つだろうと思います。上に述べたような外国語教育を取り巻く状況の変化は、もちろん大学だけに限ることではないからです。また私たちは「第二外国語」「英語以外の外国語」の「高大連携」を重視していて、そのために本書では大学の教員向けに中等教育の新学習指導要領の内容と実践についての解説も行っていますが、これはそのまま中学校や高等学校の先生方にも参考になるでしょう。

さらに、さまざまな教育段階・学校種で英語を教えている先生方にもご一読いただけたらうれしく思います。「第二外国語」や「英語以外の外国語」の状況を理解することは、英語教育にとっても重要なことですし、そもそも本書で示した外国語教育のさまざまな考え方や方法は、英語教育にもあてはまることだからです。

さて、外国語教育を変えていく時に私たちが重要だと考えているのは、「パフォーマンス課題」と「LMSの活用」です。もちろん読者の中でこの二つについて全く経験がない方はむしろ少ないでしょう。しかし、これらの背景をなす考え方を理解した上で単元計画を作り、年間計画の中で効果的な実践を行うという方法については、実行されている方は多くはないのではないでしょうか。

本書の各章は「理論」と「実践」から成り立っています。まず「理論」を読んだ上で、「実践」に収録している例を、ご自分の語種や環境に合うよう改変して使うことを想定しています。

日本の外国語教育が、本書の出版によって少しでも変わることを願いつつ。

2022年8月　著者一同

1

変わる外国語教育・変える外国語教育

山下一夫

理論　大学の外国語教育と新学習指導要領

1.1 大学における外国語授業の問題点

日本の多くの大学では外国語が必修科目となっています。そして英語と「英語以外の外国語」、いわゆる「第二外国語」を、1年間ないし2年間履修する仕組みになっています。

このうち英語については、高等学校までの段階で基本的な文法や語彙の学習は終えたと見なし、大学では学部・専攻の方針や担当教員の考えに基づいて、「文献講読」や「プレゼンテーション」などの授業を行うことが多いようです。一方、「英語以外の外国語」については、大学に入ってから初めて学ぶ学習者がほとんどなので、1年生の授業ではいわゆる「初級」の教科書を終える（例えばヨーロッパ言語であれば、「発音」から「接続法」までを学習する）ことが一般的です。

外国語を学習することの意義については、本書の読者ならば今さら説明される必要はないでしょう。問題は、教員が外国語の授業の「目標」を「教科書を終えること」としてはいないだろうか、という点です。もしそうだとしたら、それは「終わらせるために終わらせる」という、教員がノルマを達成することだけを考えた、間にあわせの教育でしかありません。そうではなく、教員は「何を目的に、どのような目標に向かって学ぶのか」をきちんと考え、明確な設定を行う必要があります。

第二外国語については、「大学1・2年生で授業を行う目的は、3・4年生の外国語の文献講読の授業に備えるためだ」と言う方もいるかもしれません。確かに大学で第二外国語を教えている教員の出身学部のような所であれば、3・4年生で外国語の文献講読があるでしょう。しかしどの大学も同じとは限りません。実際、文学部や外国語学部などの特定の専攻以外では、3・4年生での外国語の文献講読はほとんど行われておらず、外国語は1・2年生の時、もしくは1年生の時だけ学んで終わり、という大学は少なくありません。

また、もし3・4年生で文献講読の授業があったとしても、それはいったい何のために行われているのでしょうか。それによって、学習者にどのようなことを身につけてもらおうとしているのでしょうか。「それは文献講読を担当する教員が考えることであって、自分は言われたとおり基礎を教えているだけだ」としてしまって良いことだとは思いません。もし文献講読につなげるというのであれば、そこでは何を目標としているのかを見据えた上で、1・2年生の外国語の授業も行うべきでしょう。

「大学の外国語の授業の目的は、学生に検定試験を受けさせて就職に有利にするためだ」と考える教員もいるでしょう。これは、中等教育で経験してきた「英語を勉強するのは入試のためだ」というあり方と枠組みが同じなので、教員にも学生にもわかりやすく、受け入れやすい側面があります。しかしそうした考え方は本末転倒であると言えます。「就職で有利」なのは、その外国語を使った業務ができるからでしょうが、「検定試験に合格するために外国語を学んだ」というような学習者は、外

Column　第二外国語と「英語以外の外国語」

日本の小学校・中学校・高等学校では、最初に勉強する外国語は英語であることが大多数です。その場合、「二つ目」に学ぶ外国語、すなわち第二外国語は、必然的に「英語以外の外国語」となります。ただし学校や学習者の環境によっては、最初に学ぶ外国語が「英語以外の外国語」で、第二外国語が英語であることもあるため、常に第二外国語＝「英語以外の外国語」であるとは限りません。そうした状況は、日本を訪れる外国人や移民の増加によって、今後もますます増えていくでしょう。また、学習の順番としては「二つ目」であったとしても、そちらの外国語のほうが中心になっている学習者や教員も多く、そもそも外国語を「英語」と「英語以外の外国語」に分けること自体、ある種の悪しき英語中心主義の片棒を担ぐようで、あまり好ましいことであるとは思えません。しかし現状ではこれ以外に、一般に通用する表現が見当たらないのも確かです。例えば後述する学習指導要領では、「英語」と「その他の外国語」という表現を用いていますが、学習指導要領の文脈を離れて急に「その他の外国語」といった場合は、もちろん何のことだかわかりません。そこで本書では、どのような言語であるかは問わず、学校教育の制度の中で二つ目に学習する外国語を「第二外国語」と呼び、学習指導要領で言う「その他の外国語」のことを「英語以外の外国語」と呼ぶことにします。

国語に対する見方が歪んでいたり、仕事で本当に必要な外国語の能力は獲得できていなかったりすることが少なくありません。またそもそも、「外国語を使って何をするのか」「何がどこまでできるようになるべきなのか」という、本来は教員が行うべき設定を、外国語運用能力の証明としては偏向があることも多い検定試験に「丸投げ」することは、教育のあり方として大きな問題があるでしょう。

さらに授業の方法や内容でいえば、初習者を対象とした「英語以外の外国語」は、「教員が一方的・権威的に、大量の語彙や文法事項を学習者に詰め込む」だけになっているケースも少なくありません。そしてそれがもし、「初級文法を教えて基礎は固めたから、自分の役割は果たした」とか、「この後、その外国語を話せたり読めたりするようになるかどうかは、学生の自己責任」といった考えともセットになっているとしたら、無責任に過ぎるのではないでしょうか。

もちろん日本の大学の中には、適切なカリキュラム設計を行い、教員が非常に優れた授業を行っている所もあります。しかしそれは全体からみると少数で、多くの大学の外国語の授業では、言語「知」の教育は行っていても、言語「運用能力」の養成は視野に入っていない状況にあります。まして、開発された能力を社会で生きる力とどのように結びつけるかという視点は、ほとんど等閑視されていると言っても過言ではないでしょう。その上、大学設置基準の大綱化による単位数削減[*1]も影響して、大多数の学習者は外国語の運用能力を獲得することができず、ほんの少しでも読めた、書けた、聞けた、話せたという実感も得られないまま、「必修科目だったから、いやいや勉強した」という記憶ばかりが残る状況になっています。

こうした状況を改善するためには、大学の外国語教育、そしてそれに携わる大学の教員が、文法を詰め込むだけの教育をしたり、教科書を終わらせるだけの「消化試合」の授業をしたり、「検定のために学習する」といったおかしな旗振りをしたりすることをやめ、運用能力の養成を中心に外国語の授業の目標をきちんと定め、そこで開発された能力を社会で生きる力と結びつける視点を持つ必要があります。そしてその時に鍵となるのが、小学校では2020年度、中学校では2021年度から全面実施、高等学校では2022年度の入学生から年次進行で実施となる、いわゆる「新学習指導要領」です。

---

*1 次ページのコラム参照。

学習指導要領といっても、大学の外国語教員には馴染みが薄いかもしれません。これは、文部科学省が初等教育（小学校）、中等教育（中学校・高等学校）の教育課程の基準として告示しているもので、大学の高等教育とは直接の関係がないからです。しかし今回の改訂によってできた新学習指導要領は、大学の外国語教員にとって無視のできない存在となっています。というのは、これが今述べた「授業の目標を定める」「運用能力を養成する」「開発された能力を社会で生きる力と結びつける」といった問題と正面から向き合っており、高等教育においても参考にすべき内容が数多く含まれているからです。

ここで、「文部科学省の指示を参考にするなんて、君はいったい何を言っているのだ」と考える大学教員の方もいるかもしれません。多くの大学教員は、文部科学

Column

大学設置基準の大綱化による単位数削減

1991年の大学設置基準の大綱化以前では、大学における第二外国語の標準的必修時間数は1年次通年週2コマ、2年次通年週2コマの、合計通年4コマ8単位でした。この場合は、講読に振り当てる時間も一定程度確保でき、運用能力としての「読む」能力は最低レベルではあっても養成できる可能性がありました。しかし大綱化以後は、多くの大学・学部で第二外国語の必修が廃止されてしまいました。必修が維持された所でも、「半期のみ開講」で「1コマ1単位のみ」というように、時間が大幅に減らされたケースも少なくありません。こうした状況では、運用能力の養成どころか、言語知の注入すらままならなくなります。その結果、「第二外国語など勉強しても何の効果もない」とみなされ、さらに時間数が削減されるという悪循環が、この30年間で多く見られました。

こうした悪循環を打破するためには、大学が外国語を学ぶ目的を明確に設定し、それをもとに外国語の授業のあり方を再検討して、コマ数の議論を行う必要があります。実際、多くの大学のファカルティ・ディベロプメント（FD）では、大学のミッション・ポリシーを各科目の設置理由に下ろす議論が進められており、後の章で述べる「外国語学習は英語だけではダメ」ということを大学側が認識し、第二外国語の科目をそうしたフローに乗せて改革を行えば、制度面での改善を見込むことができるでしょう。また、そうして最初に目的を定め、それをもとに授業の設定を行っていくあり方は、後述する「逆向き設計」の方法であるとも言えます。

省に対してあまり良いイメージを持っていないからです。というより、反感を持っていることが多いだろうと思います。先にも述べたように、文部科学省（当時は文部省）が1991年に行った大学設置基準の大綱化は、その後第二外国語の授業が困窮する原因を作りましたし、2004年から始まった「国立大学の独立行政法人化」や、「大学の認証評価」とそれに伴う「15週授業の徹底」は、大学の現場に大きな負担をもたらす結果となりました。またそもそも、大学の教員は心情的に「反権力」であることが多く、そうしたなかで「文部科学省の作ったものを参考に」などと言うと、反感を覚えるのは当然だと思います。

もちろん、文部科学省にはさまざまな問題があります。しかしだからといって、「坊主憎けりゃ袈裟まで憎い」と言わんばかりに、学習指導要領を読んだこともないのに全否定するとしたら、それは誤った態度であると言わざるを得ません。また、過去の学習指導要領にさまざまな問題があったことも確かです。特に、2002年施行版で打ち出されてその後撤回された、いわゆる「ゆとり教育」方針については、日本社会に学習指導要領への不信感も与えました。

しかし新学習指導要領は今までのものとは違います。最新の学術的成果を反映させながら、大学で教壇に立っている教員も参加し、さまざまな議論を行って作成したものです。「現場を知らない文科省の役人が作ったもの」ではありません。したがって、対象はもちろん初等教育と中等教育ではありますが、大学の高等教育の問題に対する解決のヒントが存在するのも当然のことなのです。

そしてこの新学習指導要領の導入によって、これから小学校・中学校・高等学校の外国語の授業は大きく変わります。そうした新しい教育を受けてきた世代が、もうすぐ大学に入学して来ます。その時に、大学側の教員が旧態依然とした外国語の授業を行っていたら、学習者たちから反発を食らうことでしょう。また大学の教員側も、なぜ学習者たちが自分の授業に不満を持つのか、理解できないことになります。学習者の変化に対応するためにも、大学の教員は新学習指導要領について知っておくべきなのです。

もちろん、新学習指導要領なり文部科学省なりに「従え」と言っているわけではありません。今後大学に入学してくる学生が受けてきた教育を理解するために、そして大学の授業そのものを改善するために、これを「参考にすべき」と言っているだけです。その上で、評価すべき点は評価して大学の授業に反映させ、もし問題点があ

Column

学習指導要領の改訂

文部科学省のサイトでは、学習指導要領について以下のように解説しています。*2

「学習指導要領」とは？

「学習指導要領」とは、全国どこの学校でも一定の水準が保てるよう、文部科学省が定めている教育課程（カリキュラム）の基準です。およそ10年に1度、改訂しています。 子供たちの教科書や時間割は、これを基に作られています。

学習指導要領の構成

学習指導要領においては、教育課程全般にわたる配慮事項や授業時数の取扱いなどを「総則」で定めるとともに、各教科等のそれぞれについて、目標、内容、内容の取扱いを大まかに規定しています。

なぜ、改訂するの？

学校は、社会と切り離された存在ではなく、社会の中にあります。グローバル化や急速な情報化、技術革新など、社会の変化を見据えて、子供たちがこれから生きていくために必要な資質や能力について見直しを行っています。

これまでの学習指導要領の変遷

「学習指導要領」が、現在のような告示の形で定められたのは昭和33年のことであり、それ以来、ほぼ10年ごとに改訂されてきました。近年においては、以下のような改訂がされました。

1989（平成元）年改訂

生活科を小学校1・2年で導入
高等学校家庭科の男女必修化

1998・99（平成10・11）年改訂

総合的な学習の時間を導入
情報科を高等学校で導入

2008・9（平成20・21）年改訂

外国語活動を小学校5・6年で導入

2015（平成27）年一部改正

道徳の「特別の教科」化

*2 文部科学省（2011）。

このあと、上の形式に従うと「2017・18・19(平成29・30・31)年改訂」でできたのが、現行の「新学習指導要領」です。書籍版が東山書房から刊行されているほか、以下の文部科学省のWebサイトで全文を読むことができます。

https://www.mext.go.jp/a_menu/shotou/new-cs/1384661.htm

また、策定に関わった研究者による以下のような解説書も刊行されており、これを読むことで「新学習指導要領」について理解を深めることができます。

奈須正裕 (2017)『「資質・能力」と学びのメカニズム』東洋館出版社

ればそこは取り入れず、初等教育・中等教育の改善のためにも対案を文部科学省に提言すれば良いだけのことです。

1.2 新学習指導要領とは

さて、それでは新学習指導要領の、どこをどう「参考にすべき」なのでしょうか。

従来の学習指導要領では、「何をいくつ知っているか」が重視され、教員が学習者にともかく大量の知識を詰め込むという授業が展開されました。そして、例えば100個単語を覚えさせ、何も見ずにテストで100個ちゃんと答えたら100点、90個しか答えられなければ90点、80個しか答えられなければ80点というように、覚えた知識の量を成績に比例させていました。もちろんそれは、モノをどれだけ知っていて、それを自分の頭からどれだけ引き出せるかが、仕事をしていく上で重要だったという、戦後日本社会のありようを反映しています。そしてそれはまた、学習者にともかく語彙や文法知識を詰め込んでいくという、従来の外国語教育のあり方とも対応しています。

しかし現在では、知識は頭の中に溜め込んでおかなくても、インターネットを利用すればすぐに引き出せるようになりました。そうした状況では、知識を大量に頭に溜め込んでおくことよりも、ネットで得た知識を取捨選択し、きちんと活用できるかどうかのほうが重要になります。また、そうした視点から今までの教育を振り返ってみると、以前は知識を詰め込むことにばかり集中しすぎて、それをどうやって使っていくのかという視点が抜け落ちていたことがわかります。

そうした新しい社会に対応した教育を打ち出したのが、新学習指導要領です。ここで重視されているのは、「何をいくつ知っているか」ではありません。そうした態度は片隅に追いやられ、(1)生きて働く「知識・技能」の習得、(2)未知の状況にも対応できる「思考力・判断力・表現力等」の育成、(3)学びを人生や社会に生かそうとする「学びに向かう力・人間性等」の涵養の、「育成すべき資質・能力の三つの柱」が打ち出されています。

従来はこの(1)の「知識・技能」を、一つでも多く詰め込むことが優先されました。しかしここではそれが、「生きて働く」ものとして習得されることが目指されています。そしてそれによって、(2)の「未知の状況にも対応できる」ような「思考力・判断力・表現力等」を養成することが教育だ、と言っています。さらにそれで終わるのではなく、そうして養成された能力を(3)の「学びを人生や社会に生かそうとする」という、その次の段階まで示されています。

こうした方針が外国語科目で具体的にどうなるのかについては、中学校・高等学校の新学習指導要領外国語編で詳しく述べられています。まず(1)の「知識・技能」は、中学校(「英語」および「その他の外国語」)では「音声」「符号」「語、連語及び慣用表現」「文、文構造及び文法事項」、高等学校(「英語コミュニケーションⅠ」「英語コミュニケーションⅡ」「英語コミュニケーションⅢ」「論理・表現Ⅰ」「論理・表現Ⅱ」「論理・表現Ⅲ」「その他の外国語に関する科目」)では「音声」「句読法」「語、連語及び慣用表現」「文構造及び文法事項」であるとされています。これらはどの外国語を教える場合でもほぼ共通の要素で、もちろん従来から教えてきたことでもありますが、問題はこれを、「五つの領域別の目標を達成するのにふさわしいものについて理解するとともに、言語材料と言語活動とを効果的に関連付け、実際のコミュニケーションにおいて活用できる技能を身につけることができるよう指導する」としていることです。

文法事項であれば、教員が学習者に対して一方的に詰め込んでいくのではなく、それを使ってどういうことができるのかもセットで教えよう、と言っているわけです。その時に、具体的な方法としては次章で解説する「パフォーマンス課題」が効果的だろうと思います。ここで誤解しないでほしいのは、新学習指導要領は細かい文法事項を無目的に教えるのはやめようと言っているだけで、決して文法事項の学習自体を否定したり、極端な会話中心主義のようなものを提唱したりしているわけではない、ということです。

またここで触れられている「五つの領域」は、「聞くこと」「読むこと」「話すこと［やり取り］」「話すこと［発表］」「書くこと」です。従来は「聞くこと」「読むこと」「話すこと」「書くこと」の「四技能」が言われていました。それが「五つ」に変わっているのは、本書の第3章で解説するCEFRの影響です。そして、「知識・技能」をただ単に学習者に暗記させるのではなく、それら「五つの領域」別の目標を達成するためのものとして学習させ、実際のコミュニケーションで活用できるようなものとして習得させましょう、と言っているわけです。

次に(2)の「思考力・判断力・表現力等」は、中学校では「コミュニケーションを行う目的や場面、状況などに応じて、日常的な話題や社会的な話題について、外国語で簡単な情報や考えなどを理解したり、これらを活用して表現したり伝え合ったりすることができる力を養う」、高等学校では「コミュニケーションを行う目的や場面、状況などに応じて、日常的な話題や社会的な話題について、外国語で情報や考えなどの概要や要点、詳細、話し手や書き手の意図などを的確に理解したり、これらを活用して適切に表現したり伝え合ったりすることができる力を養う」、となっています。ここからすると、例えば教科書の会話文を暗唱したり、単純なロールプレイをして、それで「会話の練習」をしたつもりになっていては駄目で、ある「問い」に対して、学習者が自分で考えたことを自分のことばでやり取りするようにしましょう、ということになります。*3 そこでは、自分がどう考えたか、自分がどう判断したのか、そしてその結果を自分の手持ちの外国語でどう表現するか、といったことが課題になります。

そして(3)の「学びに向かう力・人間性等」は、中学校では「外国語の背景にある文化に対する理解を深め、聞き手、読み手、話し手、書き手に配慮しながら、主体的に外国語を用いてコミュニケーションを図ろうとする態度を養う」、高等学校では「外国語の背景にある文化に対する理解を深め、聞き手、読み手、話し手、書き手に配慮しながら、主体的、自律的に外国語を用いてコミュニケーションを図ろうと

---

*3 これについては、NITS独立行政法人教職員支援機構(2018)が参考になります。

する態度を養う」となっています。「養う」のが「外国語」自体ではなく、「外国語を用いてコミュニケーションを図ろうとする態度」であることに注意してください。例えば高等学校で行っている「その他の外国語」の授業であれば、「1年かけて外国語の初級文法を詰め込んだ」というのではなく、言語に対する意識や学習ストラテジー、メタ言語能力などの養成が重要になります。仮にそこで学習した第二外国語を一生使うことがなかったとしても、そうして獲得した「学びに向かう力・人間性等」は、人生や社会に生かしてゆくことができるわけです。

新学習指導要領によって、中学校や高等学校の外国語の授業は今までのような細かい文法知識の伝達・注入を中心とした授業ではなく、「育成すべき資質・能力の三つの柱」に基づいた、実際のコミュニケーション場面での言語運用を行う授業に変わります。先にも述べたように、大学の教員は今後大学に入ってくる学生がそうした教育を受けてきたことを念頭に置く必要があります。そして単にそうした事情を「知っているだけ」ではなく、学習者が高等学校でそうした能力を伸ばしてきたことを活かし、大学ではその延長線上により高く普遍的な目的・目標を設定することで、今まで以上の大きな教育効果を期待できるでしょう。

これは、教育理念や教授法の面での高大連携・高大接続ということもできます。これまでの高大連携に関する議論では、大学側が高校までの学習者の能力をどう評価し、大学でどう適切な授業を設置するかがテーマとして取り上げられながらも、結局は能力差や高校と大学の状況の違いなどもあり、あまり機能していなかったという側面があります。また高等学校の現場でも、「大学に入れば高校とは違う勉強が待っている」などという話がまことしやかに語られ、中等教育と高等教育の間に根本的な断絶があると信じられてきました。実際、特に「英語以外の外国語」については、せっかく高等学校で勉強していても、大学側は「理念が異なるから」といった理由でもう一度ゼロから勉強させるというようなことも行ってきました。しかしここで教育理念や教授法の高大接続を行えば、大学に入っても同じようなコンセプトで学習が継続し、さらにそれが社会に出てもさまざまに機能して、人生を豊かにするために活かすことができるのだという、大きな見取り図を示すことが可能になります。これは、従来の教育観のパラダイムシフトを迫るものだとも言えるでしょう。

そしてさらに重要なのは、中等教育の新学習指導要領で示された外国語教育のあり方は、高等教育においても否定されるべき要素はなく、そのまま使っても基本的には何の問題もないということです。大学の外国語教育は、CEFRや資質能力論に裏打ちされた新学習指導要領のコンセプトを取り入れることで、教員・学生ともに「やらされた感」しか残らない「単位のための授業」からの脱却を期待することができるのです。

1.3 逆向き設計

新学習指導要領で示された理念を取り入れる時に大事なのは、最初に授業の到達目標を定めることです。従来はこの到達目標の部分が「教科書を消化すること」だとか、「初級文法を終わらせること」になっていたために、「理念なき授業」に陥ってしまっていました。しかし教員は、学生が上級生になって、さらに社会に出て、どのような能力が必要になるのかを見据えた上で、授業で何をどう身につけて欲しいのかを考え、到達目標を設定する必要があります。またその際は狭義の言語能力だけでなく、メタ言語能力、メタ認知能力、学習能力、異文化コミュニケーション能力なども視野に入れるべきでしょう。

最初に到達目標を決め、そのためには年間でどのような授業をしたら良いのかを考え、さらにそのためには毎回の授業で何をしたら良いのかを考える——このように、到達目標から逆向きに授業を設計していくことを、「逆向き設計」と言います。「逆向き設計」においては、教科書の各課の語彙・文法・表現といったものも、単に「教科書に載っているから教えている」というのではなく、「これらは何のために学ぶのか」という視点から問い直される必要があります。これはつまり、その課の語彙・文法・表現を学ぶことで学習者は「何ができるようになるのか」を設定することでもあります。

こうした設計を行うには、文字化して思考を整理することが有効になります。そのための作業として、ここではまず教員が作成を義務づけられている授業シラバスを利用してみましょう。シラバスの作成は、授業の設計を客観的に見つめ直すチャンスです。もしも「授業の目標は教科書を消化すること」だと考えていたなら、シラバスは教科書の各課を羅列して終わりにしていたことでしょう。しかしここで新学習指導要領の理念も反映させた新しい授業を目指すのならば、どのみち毎年必ず書かなければならないものでもありますし、これを好機ととらえて「逆向き設計」の視点から書いてみましょう。

大学のシラバスは、「担当者名」「教科書・参考文献」のほか、一般的に「内容」「到達目標」「授業の計画」「成績評価の方法と基準」といった項目が並んでいます。学校によってはさらに「授業時間外の学修」や、「課題や試験のフィードバック方法」といった項目が設定されていることもあります。

大学の外国語科目、特に初習者を対象とする「英語以外の外国語」の場合、今まではまず「教科書・参考文献」を選んで、そこから「内容」「到達目標」「授業の計画」「成績評価の方法と基準」「授業時間外の学修」「課題や試験のフィードバック方法」といった項目を考えていくことが多かったのではないかと思います。

しかし「逆向き設計」の視点では、最初に考えるべきは「到達目標」です。まずは、この授業によって学習者は何ができるようになるのかを考えます。それは、「初級文法を一通りマスターする」といったものであるべきではありません。それだと「単に知識を一方的に注入するだけ」で、「文法は暗記させられたけれど、簡単な文を読んだり話したりすることもできない、そもそも何のために勉強したのかわからない」

Column **「授業時間外の学修」と「課題や試験のフィードバック方法」**

大学の単位は「1単位あたり45時間の学修を必要とする内容をもって構成する」と、大学設置基準によって規定されています。例えばもし1コマ1単位90分で、半期15回の授業を行うとしたら、授業時間の合計は22.5時間なので、授業時間外にも同じく22.5時間の学修が存在することが前提となります。

大学の授業の中には、教員が一方的に講義を行い、課題や試験は採点を行うだけで返却しない、ということもあります。しかし課題や試験のフィードバックを行えば、学習者はそれによって自分の理解度を確認し、知識の定着を図ることができます。これは、後の章で述べる「主体的・対話的で深い学び」という観点からも大事な要素となります。

そこで近年では、シラバスにこの「授業時間外の学修」と「課題や試験のフィードバック方法」を具体的に記すことが、一部の大学で行われています。

という学生を生み出すだけです。

ここで新学習指導要領の内容を思い出してみましょう。「初級文法」にしても、そうした項目の学習によって、学習者がどのような知識・技能を獲得し、それを元にどのようなことを思考・判断・表現して、さらにそこからどのような態度を養っていくのかを考える必要があります。そしてそれを実現するためには、どのような「内容」の授業を行うかを考えた上で、「教科書・参考書」「成績評価の方法と基準」「授業時間外の学修」「課題や試験のフィードバック方法」を決めていきます。このように、まずは大学教員の義務であるシラバスを「逆向き設計」で作成してみることで、自分自身の授業の目標や方法のあり方を再検討していくことができます。

実践　資質・能力と逆向き設計から授業をデザインする

1.4 逆向き設計による大学一年生選択必修外国語科目（中国語）のシラバスの例

大学の初習中国語の授業のシラバスです。いわゆる第二外国語の初習クラスは、もちろん言語によって学習内容や進度は異なりますが、大きな枠組みとしてはあまり変わらないので、以下の例を自分の担当する言語に当てはめることもできるでしょう。

科目名	中国語初級（1）
目的	中国語で簡単な内容の読み書き・聞き取り・会話・人前でのスピーチができるようになるために、正確な発音、基礎的な文法・語彙・表現を身に付けます。

内容	この授業は、中国語を初めて学ぶ学生を対象としています。「聞くこと、読むこと、話すこと（やり取り）、話すこと（発表）、書くこと」という、外国語技能の基礎的なトレーニングに重点を置き、実践的なコミュニケーション能力を培います。
到達目標	(1) 自分自身や自分の身近な状況について、中国語で表現し、相手とやり取りができるようになる。 (2) 中国語圏の文化について教養を深め、またそこから自分自身の言語や文化を客観的に見ることができるようになる。
授業の方法	最初は発音のトレーニングを行い、次に基本的な言い回しやよく使われる日常的な表現を学習します。毎回の授業は口頭での練習を重視し、グループ活動による協同学習や、パフォーマンス課題も行います。
授業の計画	1　中国事情を知る／中国語とその共通語を知る／中国語の文字を知る／中国語の発音を知る（第0課）
	2　中国語の単母音の発音ができる／中国語の声調（四声）・軽声の発音ができる／中国語の子音の発音ができる／中国語の挨拶「你好！」「再见！」が言える（第1課）
	3　中国語の複母音の発音ができる／中国語の鼻母音の発音ができる／中国語の声調の変調法則を覚える／中国語の挨拶「谢谢！」「对不起！」が言える（第2課）
	4　名前が言える／国籍・出身地・身分が言える（第3課前半）
	5　自己紹介ができる／中国人の姓について調べる（第3課後半）
	6　0～100が数えられる／年齢が言える（第4課前半）
	7　家族構成が言える／中国の家族事情について調べる（第4課後半）
	8　パフォーマンス課題・家族の紹介をしよう
	9　年月日・曜日・時刻が言える／生年月日が言える（第5課前半）
	10「行く・食べる・飲む・見る」などの行動が言える／中国人の誕生日を祝う習慣について調べる（第5課後半）
	11　番号の表現が使える／動作進行の表現が使える（第6課前半）
	12　省略疑問文が言える／中国のWeChatについて調べる（第6課後半）
	13　挨拶表現／フレーズ／質問文／チャレンジ（復习）
	14　パフォーマンス課題・中国の友だちからのビデオレターに返事を出そう

	15 筆記課題と総復習
教科書	『協同学習で学ぶ中国語ビギニング』 李偉・管虹・岩田好司 三修社 2018年 ISBN978-4-384-41042-6
参考書	『Why？にこたえるはじめての中国語の文法書 新訂版』 相原茂・石田知子・戸沼市子 同学社 2016年 ISBN978-4-8102-0327-1
成績評価の方法と基準	毎回の授業時間中の課題（30%）、学期中に2回実施するパフォーマンス課題（40%）、筆記課題（30%）を総合して成績評価を行います。
授業時間外の学修	各課で学習した語句は、教科書準拠のウェブサイト（https://quizlet.com/join/jNbsKEmYP）を利用して毎週復習をします。またパフォーマンス課題については、授業時間外の時間を使ってグループごとに練習を行います。

シラバス作成にあたって、最初に考えるべきは「到達目標」です。もちろん、「中国語の初級文法を理解する」といったものでは不十分です。「初級文法」を含む「知識・技能」を習得した結果、どのような「思考力・判断力・表現力等」を育成するのか、そこからどのような「学びに向かう力・人間性等」を涵養するのかを、具体的に考える必要があります。また、表現としては「〜ができるようになる」というcan-doの形式を用いるのがよいでしょう。

次に、これを元にして「目的」「内容」を検討し、さらに「授業の方法」「教科書」「授業の計画」を決めていきます。このシラバスでは、「正確な発音、基礎的な文法・語彙・表現を身に付ける」ことを「目的」とし、「外国語技能の基礎的なトレーニングに重点を置き、実践的なコミュニケーション能力を培」う「内容」としたことで、「授業の方法」はそれらを実現するために「口頭での練習を重視し、グループ活動による協同学習や、パフォーマンス課題も行う」こととし、それに適した「教科書」として『協同学習で学ぶ中国語ビギニング』を選ぶ、という段階を踏みました。また「授業の計画」は、各回を「第×課」と書くだけでは単なる工程表になってしまうので、そこでどのようなことができるようになるのかにも触れ、後の章で触れるパフォーマンス課題も配置しました。

なお文体は、教員目線で「〜の講義を行います」「〜を身に付けてもらいます」とするのではなく、「〜を学習します」「〜ができるようになる」というように、学習者が主体となるようにしています。こうすることで、学習者は自らの視点からシラバスをとらえることができると同時に、教員側も一方的に知識を伝授するのではないという自覚を持つことができるでしょう。

1.5　逆向き設計による大学一年生必修外国語科目（英語）のシラバスの例

次に、大学の英語科目の例を挙げます。以下は、「読む」「書く」という部分にスポットを当てた授業のシラバスです。*4

科目名	英語Ⅲ
目的	英語で書かれた論文を読み、また自ら書くことを通じて、英語の特徴を理解し、批判的な思考能力を養います。
内容	この授業は高校までにやってきたような「英文和訳」の授業ではありません。したがって、授業中に1文ずつ英語から日本語に訳すことはしません。大学の英語授業では論文を効果的に読むために、「手早く」「必要な情報を抜き出しながら」「論理的に」「全体の要点を掴む」技術を身に付けます。
到達目標	・英語論文を「読む」ために必要なスキルを身に付けます。 ・英語論文を「書く」ために必要なスキルを身に付けます。 ・大学生に必要とされる語彙や文法知識を身に付けます。 ・論文で用いられるディスコースマーカー（談話標識）やパラグラフ（段落）の構成に着目することで、学術英語論文の構造を理解します。
授業の方法	【英語論文執筆課題】 (1) 教科書の各Unitは4回の授業で完結します。 (2) 各Unitの第3回目授業で「初回原稿」を執筆し、第4回目授業に教室にプリントアウトしたものを持って来ます。プリントアウトした論文は学生同士で読み合い、精度を確認し合います。 (3) その後、原稿に適宜修正を加え、翌週の授業開始前までに「最終原稿」としてMoodle上で提出します。本課題は成績において、期末テストの次に高い比率を占めます。

---

*4　このシラバス例は、芝浦工業大学の新谷真由氏に原案を提供してもらいました。ここに記して感謝申し上げます。

授業の方法	【小テスト】各Unitの4回目の授業で英単語（Reading 1とReading 2）の小テストがあります。 【提出物】4週間に1度の割合で英語で作成した100語程度の課題パラグラフを提出します。 【期末テスト（授業内）と統一テスト（試験特定日）】期末テストでは授業で扱った論文や英語表現の理解度を確認します。統一テストは英語Ⅳと共通の実力テストです。 【予習・復習の課題への取り組み】宿題および授業中の課題への取り組みが問われます。 【授業への参加度】授業に真剣に取り組むことが要求されます。授業中に他授業の課題をしたり、指示なくパソコンやスマホを閲覧したり、授業に関係のない私語をしている場合は減点の対象になります。しかしながら、積極的な発言や活発な議論は歓迎します。
授業の計画	1　授業のオリエンテーション
	2　Unit 1 Marketing Why does something become popular?① Reading Skill（読解スキル）: Identifying the main idea of paragraph（段落のメイン・アイデア（主旨）を見抜く）
	3　Unit 1 Marketing Why does something become popular?② Vocabulary skill（語彙スキル）: Word families（語幹が同じ語の集合を理解する）
	4　Unit 1 Marketing Why does something become popular?③ Writing skill（ライティングスキル）: Writing a descriptive paragraph（客観的な情報に基づく記述でパラグラフを書く）
	5　Unit 1 Marketing Why does something become popular?④ Unit 1の小テスト 論文のピア・エディティング
	6　Unit 2 Psychology How colors affect the way we feel?① Unit 1の英語論文提出 Reading skill: Getting the meaning from the context（文脈から意味を見抜く）
	7　Unit 2 Psychology How colors affect the way we feel?② Vocabulary skill: Suffixes（接尾辞）

	8 Unit 2 Psychology How colors affect the way we feel? ③ Writing skill: Brainstorming（アイデアを出す技法） Grammar: Future with will（willを用いた未来表現）
	9 Unit 2 Psychology How colors affect the way we feel? ④ Unit 2の小テスト 論文のピア・エディティング
	10 Unit 3 Social Psychology What does it mean to be polite? ① Unit 2の英語論文提出 Reading skill: Identifying supporting details（メイン・アイディアを補強する例などを見抜く）
	11 Unit 3 Social Psychology What does it mean to be polite? ② Vocabulary skill: Prefixes（接頭辞）
	12 Unit 3 Social Psychology What does it mean to be polite? ③ Writing skill: Supporting your main idea with examples（例示によって自分のメイン・アイディアを補強する） Grammar: Subject-verb agreement（主語と動詞の対応関係）
	13 Unit 3 Social Psychology What does it mean to be polite? ④ Unit 3の小テスト 論文のピア・エディティング
	14 前期の振り返り Unit 3の英語論文提出
	15 期末テスト（授業内） 対面で試験
教科書	*Q: Skills for Success Level 2: Reading and Writing, 3rd Edition* Jennifer Bixby, Joe McVeigh Oxford University Press 2019 ISBN978-0194903936
参考書	英語辞書（持っているもので良い） 『英語アカデミック・ライティングの基礎』一橋大学英語科（編著） 研究社 2015年 ISBN978-4327421946
成績評価の方法と基準	授業中の課題やテスト（小テスト、授業への参加度、事前・事後学習の課題への取り組み、提出物、期末テスト）が50%、統一テストが50%です。60%を満たない場合は不合格となります。なお、期末テストと統一テストのいずれかを受験しない場合は授業放棄と見なされます。

授業時間外の学修	・教科書の各Unitは4回の授業で完結します。各回のパターンが決まっているので、以下を参考に【宿題：予習/復習】をして下さい。 各Unit第1回目 【宿題：予習】 ①教科書：<Reading 1>の<Preview the Reading>に取り組む。 ②IQ ONLINE：提示された問題に取り組む。 ③教科書：<Reading 1>の長文で知らない語を辞書で調べておく。 【宿題：復習】 ①教科書：<Reading 1>の読解問題に取り組む。 ②IQ ONLINE：提示された問題に取り組む。 ③第2回目の【宿題：予習】に取り組む。（これを忘れない） 各Unit第2回目 【宿題：予習】 ①教科書：<Reading 2>の<Preview the Reading>に取り組む。 ②IQ ONLINE：提示された問題に取り組む。 ③教科書：<Reading 2>の長文で知らない語を辞書で調べておく。 【宿題：復習】 ①教科書：<Reading 2>の読解問題に取り組む。 ②IQ ONLINE：提示された問題に取り組む。 各Unit第3回目 【宿題：復習】 ①「初回原稿」を100語程度の英語で執筆する。これをプリントアウトして次週の授業時（第4回目）に持ってくる。忘れたり欠席したりした場合は減点となる。 ②教科書：<Reading 1>と<Reading 2>の小テストに備える。 各Unit第4回目 【宿題：復習】 ①授業後：自分の書いた「初回原稿」を修正し、翌週の授業開始前までに「最終原稿」としてMoodle上で提出する。 ②次のUnitの第1回目の【宿題：予習】に取り組む。

「目的」「内容」「到達目標」「授業の方法」「教科書」の順に記入していくことは前項と同じですが、こうした「英語で書かれた論文を読み、また自ら書くことを通じて、英語の特徴を理解し、批判的な思考能力を養」う授業は、学習内容が毎回ステップ

アップする初習外国語と異なり、各回の「授業の計画」で「どのようなことができるようになるのか」を明確に記すことが難しいという側面があります。ただそれでも、いくつかの回では習得する「Reading skill (読解スキル)」「Vocabulary skill (語彙スキル)」「Writing skill (ライティングスキル)」を明示することで、「毎回同じように漫然と読み書きの授業をするのではない」ことがわかるようにしています。

またこのシラバスでは、「授業時間外の学修」がかなり具体的に記され、「授業時間外の学修」で行った課題を元に授業で学習者同士が作業を行うなど、第4章で触れる「反転授業」に近い設定にしています。こうすることで教員が一方的に知識を注入するのではない、「主体的・対話的で深い学び」となるようにしています。これは一般的に大学の英語の授業、特にReadingの授業は、第4章でも触れる機械翻訳の普及をどうとらえるかという点ともつながり、設計が難しくなっている側面もありますが、この例のような授業設計であれば、学習者は大きな効果を得ることができるでしょう。

1.6 [参考]逆向き設計による高校一年生必修外国語科目(英語)の「指導と評価の計画」の例

大学の教員は必ず毎年シラバスを「書かされ」ますが、高等学校の教員の場合、義務で「書かされ」るのが「指導と評価の計画」です。これは大学のシラバスと異なり、単元ごとに作成します。フォーマットは各都道府県や学校によって異なりますが、以下に神奈川県のフォーマットを元に作成した高等学校の「英語コミュニケーションⅠ」の例を挙げます。*5 こうした高等学校の授業案を検討することは、大学の教員にとってもさまざまな点で参考になるでしょう。

一見して、大学のシラバスとは大きく異なっていることがわかります。スタイルとしては、まずCEFRの五つの領域を「育成すべき資質・能力の三つの柱」で分けた評価規準を示したあと、そこでの学習内容をやはり「育成すべき資質・能力の三つ

---

*5 この授業案の例は、神奈川県立平塚江南高等学校の辻祐哉氏に原案を提供してもらいました。ここに記して感謝申し上げます。

<table>
<tr><td>教科</td><td>外国語科</td><td>科目</td><td>英語コミュニケーションⅠ</td><td>単位数</td><td>4</td></tr>
</table>

<table>
<tr><td colspan="5">Lesson 1　Bringing Out the Best in Himself</td></tr>
<tr><td rowspan="2"></td><td colspan="3">内容のまとまりごとの評価規準</td><td rowspan="2">主な
評価方法</td></tr>
<tr><td>知識・技能</td><td>思考力・判断力・表現力</td><td>主体的に
学習に取り組む態度</td></tr>
<tr><td rowspan="2">聞くこと・読むこと</td><td>［知識］文章を聞き取ったり読み取ったりするために必要となる語彙や表現を理解している。</td><td rowspan="2">将来の夢について説明するために、ある人物が夢を実現する実話について話されたり書かれたりした説明文を聞いたり、読んだりして概要や要点を捉えている。</td><td rowspan="2">将来の夢について説明するために、ある人物が夢を実現する実話について話されたり書かれたりした説明文を聞いたり、読んだりして概要や要点を捉えようとしている。</td><td rowspan="2">ペーパーテスト

振り返りの記述
活動の観察</td></tr>
<tr><td>［技能］将来の夢について話されたり、書かれたりした説明文を聞き取ったり、読み取ったりする技能を身に付けている。</td></tr>
<tr><td rowspan="2">話すこと（やり取り）</td><td>［知識］将来の夢などを質問したり理由とともに回答したりするために必要となる語句や文、音声等を理解している。</td><td rowspan="2"></td><td rowspan="2"></td><td rowspan="2">振り返りの記述
活動の観察</td></tr>
<tr><td>［技能］将来の夢について、理由とともに質問をしたり回答をしたりする技能を身に付けている。</td></tr>
<tr><td rowspan="2">話すこと（発表）</td><td>［知識］</td><td rowspan="2"></td><td rowspan="2"></td><td rowspan="2"></td></tr>
<tr><td>［技能］</td></tr>
<tr><td rowspan="2">書くこと</td><td>［知識］新聞記事を作成するために必要となる語句や文等を理解している。</td><td rowspan="2">興味を持って読み手に読んでもらえるように、友達の将来の夢について、インタビューした情報を書いて伝えている。</td><td rowspan="2">興味を持って読み手に読んでもらえるように、友達の将来の夢について、インタビューした情報を書いて伝えようとしている。</td><td rowspan="2">パフォーマンステスト

振り返りの記述
活動の観察</td></tr>
<tr><td>［技能］新聞記事を作成し、情報を整理して書いて伝える技能を身に付けている。</td></tr>
</table>

時間	主な学習活動	知	思	主
1～7	・本単元を自分事として捉えられるように興味・関心を喚起するとともに、単元の目標を確認する。 ・将来の夢について考えを深め、インタビューに回答できるようにするために、教科書や関連する話題を扱った教材から必要な情報を得たり、特定の部分の要点を捉えたりする。 ・インタビューに必要な表現（始め方・終わり方）について確認する。 ・友達の将来の夢について、インタビューをして必要な情報を理解する。（言語活動）			○
8	・パフォーマンステスト【書くこと】 友達の将来の夢に関するインタビュー内容について、読み手が興味を持って読むことができるように新聞記事を作成する。	○	○	○
後日	・ペーパーテスト（リスニングテストを含む） 初めて聞いたり読んだりする英文からも出題されます。 ポートフォリオ（振り返り）の記述から、学習への取組状況を評価します。	○	○	○

の柱」と関連付けて記述する、というものです。これをすべての単元で作成するので、年間ではかなりの分量になります。

大学の教員にとってこうした高等学校の「指導と評価の計画」は、新学習指導要領で示されている方針を授業に落とし込む方法として参考になるものだと思います。また高等学校の教員にとっては、毎年この「指導と評価の計画」を作成するのは大きな負担になっていますが、大学のシラバスの項目で紹介したのと同じように、これを「逆向き設計」で記入していくことで、授業改善につなげることもできるでしょう。

1.7 資質・能力論からの指導案

前項までで紹介したのは、どのみち毎年シラバスを「書かされ」るのであれば、これを利用して、新学習指導要領の内容を逆向き設計で授業に落とし込んでみよう、というものでした。ただ、大学のシラバスにしろ、あるいは高等学校の「指導と評価の計画」にしろ、授業設計を考える上では余計な項目があったり、逆に必要な項目がなかったりということがあります。

そのため「書かされ」るものを離れ、教員が内部閲覧用の指導案を作成する、という方法もあります。授業展開の個人的な備忘としたり、複数の教員で意見を共有したりといった用途のほか、そもそもそうしたものを作成することで、教員は自分の授業内容を整理することができます。以下に、慶應義塾大学が委託を受けた令和3年度「教員養成機関等との連携による専門人材育成・確保事業（グローバル化に対応した外国語教育推進事業）」で作成した様式を掲載します。*6

このフォーマットはもともと、新学習指導要領が持つある種の「欠点」を補うために開発されたものです。新学習指導要領、特に中学校・高等学校の外国語編について、「理念はわかったし、共感できるものではあるけれど、これをどう授業実践に落とし込むかが今ひとつよくわからない」という声をよく耳にします。これについては、文部科学省が出している『中学校学習指導要領解説・外国語編』と『高等学校学習指導要領解説・外国語編』に、ある程度具体的な解説もありますが、内容的にはやや「痛し痒し」といった印象は拭えません。しかしこのフォーマットを使えば、「理念を授業実践にどう落とし込むか」をスッキリとした形で整理することができると考えています。

このフォーマットでは、まず「授業の概要」の項目で授業の情報を整理することで学習者の状況を把握し、次に「年間指導案」の項目で年間目標を立て、それを「育成すべき資質・能力の三つの柱」に分解した上で、年間の授業を内容的なまとまりのあるいくつかの「単元」に分けます。そして単元ごとに目標を立て、それをやはり「育成すべき資質・能力の三つの柱」に分解し、「社会と文化への気づきのポイント」

---

*6 本指導案は、同プロジェクトにおいて神奈川県立麻生総合高等学校の山下誠氏を中心に作成されたものを提供してもらいました。ここに記して感謝申し上げます。

「他教科・他科目との連携」も検討した上で、これを実現するための「パフォーマンス課題」と「学習指導における具体的な評価規準」を設定します。そして「単元の指導と評価の計画」を作成し、さらに個々の単元における「本時の指導案」を設定します。フォーマットの項目を上から記入していくことにより、自ずと「大きな目標」から「具体的な授業」へと逆向き設計をすることができるようになっています。

「パフォーマンス課題」については次章で説明しますが、教室で学生に発表の場を設ける、スピーチコンテストに参加を促す、留学生や海外の協定校の学生と交流を行うといった「パフォーマンス」自体は、すでに多くの学校・教員が実施していますが、目標に見合った設計を行った上で、これを授業計画の中に組み込まなければ、そうした活動はある種の「単発イベント」になってしまい、普段の授業の内容と乖離を起こすことがあります。このフォーマットは両者をきちんと関連付け、体系化するための「しかけ」でもあります。

このフォーマットを使った具体例については、次章以下で解説していきます。

■授業の概要

1. 学校名：
2. 科目名：
3. 単位数：
4. 担当者：
5. クラスの構成：(　　)年生　(　　　)名[男(　　)名・女(　　)名]
6. 生徒の概況：
7. 使用教科書：

■年間指導案

1. 年間目標

⬇

生きて働く 知識・技能の習得	未知の状況にも対応できる 思考力・判断力・表現力の育成	学びを人生や社会に生かそうとする 学びに向かう力・人間性の涵養

2. 単元構成

月	単元名	備考

■単元指導案

1. 単元名

2. 単元目標

⬇

生きて働く 知識・技能の習得	未知の状況にも対応できる 思考力・判断力・表現力の育成	学びを人生や社会に生かそうとする 学びに向かう力・人間性の涵養

3. 社会と文化への気づきのポイント

4. 他教科・他科目との連携

5. パフォーマンス課題

6. 学習指導における具体的な評価規準

<table>
<tr><th>知識・技能</th><th>思考力・判断力・表現力</th><th colspan="2">学びに向かう力・人間性</th></tr>
<tr><td></td><td></td><td>主体的に
学ぼうとする
態度</td><td>観点別状況評価や
評定には示しきれない
一人ひとりの学習者
のよい点・可能性・
進歩の状況</td></tr>
<tr><td colspan="3">⇒ 観点別学習状況評価</td><td>⇒ 個人内評価</td></tr>
<tr><td></td><td></td><td></td><td></td></tr>
</table>

7. 単元の指導と評価の計画

次	学習活動	具体的な評価規準	評価方法
1			
2			
3			

■本時の指導案

1. 本時の指導と評価の計画

次	学習活動	具体的な評価規準	評価方法

2. 補足事項

2

評価可能なパフォーマンス

縣 由衣子

理論 パフォーマンス評価

2.1 文法を詰め込むだけの授業はもうやめよう

「教員が一方的・権威的に大量の文法事項を学習者に詰め込む」のをやめ、「学習者が何をできるようになるか」という、主体を教員から学習者に移すことを考えた授業を実践するために、具体的には何を、どうしたらよいのか考えてみましょう。

例えば、教員が「この語彙やこの文法事項は、こういう時に使います」と説明するだけでは、学習者は実際にその言語を使えるようになるとは言えないでしょう。授業で繰り返し学習者が能動的に「使う」経験をして、学習事項を使いこなすことができるようになるのです。

「やり取り」や「発表」は、「初級文法」が終わってから始めればよい、そもそも大学の語学は実用語学を教える場ではない、と考える教員もいるかもしれません。しかし多くの大学においては、「初級文法」を教えた後にそのような場は用意されていません。また、文法項目にしても、「使う」練習をしながらでなければ覚えることはできません。大学の授業、あるいは教室を、学習者が実際に外国語を「使う」ことができる体験と経験の場として、構築する必要があります。

1970年代から、欧州評議会では、学習者の自律性／オートノミーについてしばしば論じられるようになり、学習者自身が自らの母語、あるいは学習した複数の言語の間の連関、いわゆる「メタ言語認知」を自ら築き上げることができる自律的な言語学習者となるように促す教育が目指されています。一方で、日本の教育の現場においては、そのような教育の重要性が認識されてきてはいるものの、どのような形で実践すべきかは不明確で、実践の場にあまり反映されていないというのが現状です。その背景には、ヨーロッパを中心に展開されている自律的な言語学習の理念が、日本の外国語教育の現場のレベルでは十分に共有されていないこと、また特に大学の教育においては、第1章で述べられたように学習指導要領に基づく初等中等教育との断絶が存在することなどを挙げることができます。

日本の大学においては、逆説的ではありますが、大学が「教育の場」ではなく学習者による自律的な「学習の場」として認識されてきた歴史が長かった結果として、学習者を自律的学習へと促す教育という視点があまり形成されてきませんでした。学習者に自律性を期待するという点においては、これまでの大学の姿勢と本書が目指す姿勢には本質的に大きな違いはないように見えるかもしれません。しかし、「どのように」学習者に自律性を持たせるかには、教育が大きな役割を担っています。特に本書が対象とする外国語教育の場合、学習者である学生の大半はその後専門的にその外国語を学び続け、その言語の専門家となるわけではありません。むしろ、初年度の1年間の学習でその言語の学習を終えてしまう学生がほとんどです。大学における外国語教育は、将来における学習言語の再学習をより容易にすること、あるいは母語や英語をはじめとする他の言語の連関への気づきを通じて、学習者の言語理解や言語能力をより深めることを目指すべきではないでしょうか（こういった立場については、第3章で解説します）。

2.2 パフォーマンス課題と年間指導案

2.2.1 「学習」の内容を「使う」ために

自律的な学習者へ導くための一つの方法として、実際に学習者が得た知識やスキルを使いこなすことを課題として求め、それを評価する「パフォーマンス課題とその評価」があります。学習者にただ「使う」ことを促すのではなく、「学習」した内容を「使う」ことによって言語の運用を可能にするような課題の設定を最終地点とする授業設計を考えることが重要です。つまり、課題の設定を、第1章でのシラバスと同様に「逆向き設計」で行います。そしてその際には、「どのような」言語の運用を最終目的とし、それが達成できているのかを「どのように」評価し、またそれを評価するために「どのような」課題を設定するのかを考えます。こうした方法論は、1990年代に登場した「真正の評価論」という考え方に基づくものです。

「学習」の内容を学習者が覚えたかどうかだけを評価するのではなく、学習者自身が使いこなし、運用できるかどうかを、「やり取り」「発表」などのパフォーマンス課題の実践によって評価します。語彙・文法・表現なども、パフォーマンス課題の中で「使う」ことにより、初めて学習内容を定着させることができます。またそれは、「このパフォーマンス課題を行うためには、これらの語彙・文法・表現の学習が必要である」というように、両者の関係性について従来とは逆のとらえ方をすることでもあります。

では、外国語の授業におけるパフォーマンス課題について考えてみましょう。第1章でのシラバス作成でも言及した「逆向き設計」は、学習者が学んだことを真に「理解」できることを目指すための方法論でした。理論の提唱者であるウィギンズ／マクタイによれば、「理解する」とは「知っていることを文脈の中で賢明かつ効果的に活用する――転移させる――ことができる、現実的な課題や設定において知識やスキルを効果的に応用できる」[*7]ことです。そして、本章で説明するパフォーマンス課題もまた、同じ構造に基づき学習者が「学習」した知識を本当に「理解」しているかを問うものとして設定されます。では、外国語教育において学習者における外国語の「理解」とは何であり、またそれはどのようにパフォーマンス課題として実践されるのでしょうか。

パフォーマンス課題を通じて教員が確認しようとする学習者の理解とは、学んだ内容の「活用」や「応用」です。それは必然的に「発表（1人で行う）」や、「やり取り（2人以上で行う）」などの「言語を用いて何ができるか」を問うものとなります。また、言語の運用はそれが適切な「文脈」においてなされているかを伴うため、場面や状況の設定が必要になります。したがって、外国語授業におけるパフォーマンス課題は、決められた場面や状況に応じた適切な言語運用を学習者に要請する「発表」や「やり取り」として設定されることになります。

これまでの大学の外国語教育において、学習した言語のアウトプットの活動は、主にその言語で学術的な文章を「書く」ことでした。しかし、多くの学習者が1年間、もしくは2年間の学習で外国語の学びを終えてしまうという状況では、その言語でアカデミックな内容を書けるようになる学習者は、ごくわずかしかいません。大学での短い外国語教育の期間の中で言語の運用ができているという実感を伴ったアウトプットに至らずに学習を終えてしまう学習者が大半でしょう。

学術的な文章を「書く」というアウトプットをするためには、語彙や文法などの基

---

*7 ウィギンズ／マクタイ, 2012, p.8

礎項目のインプットが必須であるという前提が、従来の大学の外国語教育の根底にありました。これに対し本書は、パフォーマンス課題を授業に組み込み、短いスパンでのアウトプットの契機を設けることで、従来の大学の外国語教育では「不完全、不十分な段階」とされた学習者に、総合的な言語運用を求めていくことを考えます。実際、現実においての言語運用は、その外国語だけではなく、他の既習言語や母語、ICTや身振りなど、学習者のさまざまな言語的な能力とツールを駆使して実現されるものです。そしてそれは、学習者が直面している現実に即した課題設定であるとも言えるでしょう。

もちろん、このような本書の提案は、アカデミックな視点をこれからの大学での外国語教育においては棄却すべき、ということではありません。例えば、先に挙げた「発表」というパフォーマンス課題は、学習者がある内容について学習している言語で一定量の表現を行うことを求めるという意味では、「書く」ことと表裏一体になっています。その言語でまとまった内容について考え、表現できることを求める「発表」の課題ができることは、そのように「書く」ことができることと不可分な

Column **真正の評価論に基づく課題の設定**

ウィギンズとマクタイは学習者が学習内容を理解しているかを問うための課題の条件として、次の条件を挙げています。

- 現実的な文脈化がなされている場合
- 判断と革新が求められる場合
- 学習者に「教科」することを求める場合
- 大人が仕事の場や市民生活、個人的な生活において真に「試される」ような、鍵となる困難な状況を模写する場合
- 複雑で多くの段階からなる課題をうまく処理するために、知識とスキルのレパートリーを効率的かつ効果的に用いる生徒の能力を評価する場合
- 実演と完成作品を洗練させるためにリハーサルし、練習し、リソースを調べ、フィードバックを得るというような適切な機会が与えられている場合

（ウィギンズ／マクタイ, 2012, pp.184-186）

のです。

とはいえ、CEFRなどの理念に沿って授業の目標を組み立てる場合、初学者に要求されるアウトプットの内容は、より生活に即した、身の回りに関するものについて表現することから始まり、段階を経てアカデミックな運用へと至るように考えられています。これまでの外国語教育において、このような外国語の生活に即した側面は、見過ごされてきていたと言えるのではないでしょうか。その意味では、「書く」ことに関しても、基礎的な文法や語彙の習得を終えたのちに叶う学術的なものとして後回しにするのではなく、初学者に積極的に求められる「書く」課題を設定するという発想の転換も必要です。

2.2.2 パフォーマンス課題のオーセンティシティ

ウィギンズ／マクタイが挙げている、外国語授業におけるパフォーマンス課題において重要なポイントをいくつか見てみましょう。「現実的な文脈化がなされている場合」、「大人が仕事の場や市民生活、個人的な生活において真に試されるような鍵となる困難な状況を模写する場合」*8 がまず該当します。つまり、学習者がこの言語を実際に用いる際にありそうな「やり取り」や「発表」の場面を想定することが重要なのです。

このことを「オーセンティシティ」と言います。パフォーマンス課題の場面が、実際に学習者がクラスの場を出て言語を運用する際に、「ありそうな」「生じそうな」ものであるようにすることが望ましいのです。学習者にとっては、パフォーマンス課題の実践は、単なる授業の枠を超え、社会の中でもあり得るような言語運用の一つの経験となります。

したがって、パフォーマンス課題の設定においては、「学習」の内容を実際に運用するパフォーマンスを考えます。それと同時に、そこでなされる「やり取り」や「発表」は学習者が教室の外で実際に直面する可能性がより高そうなものとして想定される必要があります。例えば、学内での留学生との会話や、日本を訪れた観光客との会話、あるいは国際交流プログラムが予定されている場合は、その内容との関連のある課題を設定すれば、パフォーマンス課題は学習者にとって、単に「学習」内容を教

---

*8 ウィギンズ／マクタイ, 2012, pp.184-186.

員に測られるものを超え、実際の言語運用との連続性へと開かれたものとなります。パフォーマンス課題をオーセンティシティがあるものとすることによって、教員は、社会の中での具体的な外国語の使用の可能性を学習者に示すことができる、と言えるでしょう。

例えば、「道案内をする」に関する表現や文法、語彙をその単元で学習した場合、パフォーマンス課題のオーセンティシティは、どのような場面で誰に対してどこへの道案内を想定した課題にするのかにあります。架空の場所の地図を見ながら架空の人物を演じて道案内をするより、学生が実際に通うキャンパスで出会った留学生に道案内をするほうが（あまり起こりそうにないことだとしても）、学習した外国語の内容、そしてその使用と、学習者の実際の日々との連続性が生まれ、学んだ内容はより生きた知識として学習者に定着しやすくなります。

2.2.3 パフォーマンス評価に含められるべきスキル

大学における外国語教育、特に第二外国語教育における困難の一つとして、学習者である学生の精神性や思考力と、習得中の言語で話すことのできる言語レベルの間のギャップが非常に大きいことが挙げられます。特に初習レベルにおいては、大学生となり一人の大人として大学生活を管理し、高校までの勉強とは異なる専門的な学習へと足を踏み入れる段階にあって、第二外国語で発話できる内容はその精神性と大きく乖離しています。その乖離が、学習者の中で育ちつつある大人としての自己効力感を損ない、その言語の継続的な学習を阻む理由の一つになっています。その点で、ウィギンズたちの言う「複雑で多くの段階からなる課題をうまく処理するために、知識とスキルのレパートリーを効率的かつ効果的に用いる生徒の能力を評価する場合」が、大学におけるパフォーマンス課題の実践において一つのキーとなるファクターです。

教員にとっては、学習者がその単元における既習事項を習得したかどうかを確認する必要がありますが、正答を求めるテスト型の課題とは異なる、パフォーマンス課題では、学習者の実践が既習事項の運用にとどまらないことがあり得ます。例えば、「やり取り」や「発表」において、まだ学習していない語彙や表現を自分で調べたり、学習中の言語で応対しきれない場合に、既習の別の外国語（多くの場合は英語）を用いて対処しようとしたりします。これらは、従来の知識習得の正確さを問う外国語授業のあり方からすれば、受け入れ難い、あるいは評価規準のない事項になるでしょう。しかし、既習ではない事項について自分で書籍やインターネットで調べたり、機械翻訳を使ってコミュニケーションを試みたりすることは、実際にその外国語を社会の中で実践する際には用いられるでしょう。またそうした姿勢は、学習者が自ら調べ、未知のものを使いこなそうという意欲とスキルをすでに持っていることのあらわれとも言えます。もちろん、言語の習得と定着がないままに、機械翻訳に依存することは問題ですが、機械翻訳の結果が適切な内容であるかどうかを判断できるということは、現代における外国語のスキルとして重要になってきています（このことについては第4章で触れます）。さらに、別の既習外国語との混合は、従来の外国語教育では避けられてきましたが、実際に学習者の社会の中での言語実践を想定すれば、これも生じる可能性が高く、学習者が自分の知識とスキルを駆使して相手との対話やコミュニケーションを成立させようとする姿勢は、言語コミュニケーションの姿勢として評価すべきことです。実生活での言語使用では、一つの外国語でのコミュニケーションが不可能で黙ってしまうことよりも、さまざまな言語を用いて、時には母語も用いてコミュニケーションを試みることが望ましいのであって、大学における外国語教育もまた、そのような実際の言語使用との連続性を持ったものであることを理解させることが、学習者の自律性を促す上で重要です。また、このような複数の言語の交差的な使用とその振り返りは、複数の言語にまたがるメタ言語的な気づきの重要な契機にもなります。

2.2.4 年間の授業計画の中でのパフォーマンス評価の位置付け

次は、1年間の授業計画の中で、パフォーマンス課題の運用を考えてみましょう。パフォーマンス課題は「単発的なイベント」として行うのではなく、語彙・文法・表現の学習とリンクさせ、年間の授業の中に計画的に組み込むことが必要です。こうすることで、大きな学習効果を得ることが期待できます。それぞれの学習内容がパフォーマンス課題によって、どのような実践的な言語運用につながるのかを学習者が意識することにつながるからです。学んだ文法や語彙、表現がこのような場面、状況で使用される可能性がある、という実践に開かれた教育につなげるためにも、単元ごとの学習目標とリンクさせたパフォーマンス課題が単元の最終段階に設定されていることが重要となります。

授業でパフォーマンス課題を複数回実施する場合、多くの時間が必要になります。「そんな時間があったら、一つでも多く文法事項を教えたい」と考える教員もいるかもしれません。しかし、授業の目的はあくまでもその外国語の運用能力を養成することにあり、そのために行うパフォーマンス課題の時間は作らなければなりません。

その上で、単にパフォーマンス課題を学習者に行わせただけで終わりにしないことが重要です。学習者が実際にパフォーマンス課題を通じて実践したことをどのように評価するのか、ということについて次節では考えます。

2.3 ルーブリック評価

2.3.1 パフォーマンス課題をどう評価するか

パフォーマンス課題においては、「正解のあるテスト」とは異なる評価を行います。どのような規準／基準で評価するのでしょうか。

「過去の時制の正確な活用」や「道に迷っている人に道案内を行う」といった学習者のレベルにあった具体的な到達目標を設定していても、初習レベルの学習者に完璧な運用を求めることは困難です。また、パフォーマンス課題を実際に学習者に実践させてみると、理解はしているようなのだけれど、実際には発話がうまくできない学習者と、理解できているのかは怪しいけれど、非常に上手にコミュニケーションが取れる学習者がいて、どちらをより高く評価すべきなのか判断に迷うこともあります。もちろん、外国語教育の観点からは、学習内容の理解も、コミュニケーションのスキルとしてそれを実行に移せることも、どちらも高く評価すべきことです。しかし、それらは別の規準で評価されるべき項目です。

ここでは、パフォーマンス課題を評価するツールとして「ルーブリック」の活用を紹介します。これは、いくつかの評価規準を設定し、それぞれ評定段階を作って採点する総合的な課題に対する評価の指標となるものです。さきほどの例に則れば、「学習内容をきちんと理解できている」と「コミュニケーションを円滑に取ることができる」という評価規準が別に設けられ、それぞれを段階的に評価します。

「ルーブリックなど、主観的判断に基づくあやふやな評価に過ぎず、ペーパーテストの書き取りでなければ成績の公平性は担保できない」という意見もあるでしょう。しかし、ルーブリックは、目標に即して設計すれば、充分に客観性を担保することが可能です。むしろ、パフォーマンス課題という総合的な言語的アウトプットの課題を学習者に求めることを想定すると、そこには、学習内容の理解ができているのか、ということだけでなく、それを適切に文脈に沿って活用できるのか、一つの言語としてわかりやすくアウトプットできるのか、コミュニケーションのツールとして実際に運用できるのか、不測の事態に対応できるのか、などの評価すべきたくさんの要素があり、小テストで設定されるような単純な一つの指標によって、課題を採点することは不可能であるということは、比較的容易に想像がつくのではないでしょうか。

パフォーマンス課題は、語彙や文法、表現など個別の要素としてインプットされた「学習」を「やり取り」や「発表」などの言語の総合的な運用としてアウトプットすることを求めます。その評価は「できる／できない」の二元的なものではなく、どの要素に関してはどの程度できたか、という段階的な評価を行うことが必要とされます。その上で設定されるものが、ルーブリックによる指標化された段階的な評価規準なのです。

評価について、より具体的に見ていきましょう。評価項目はパフォーマンス課題の実施に先立って設定します。その際に第1章で述べた「逆向き設計」を利用します。図で示すと、授業計画の構築のプロセスは次のような段階を踏むことになります。

シラバスと 年間目標の作成	➡	単元毎の 学習目標の設定	➡	パフォーマンス **評価**の設定	➡	パフォーマンス **課題**の設定

パフォーマンス評価には、その単元で設定された目標を達成できているかという、単元ごとの達成すべき目標の段階的な評価規準が含まれますが、同時に、授業全体の年間での目標が反映されているものでなくてはなりません。例えば、授業の年間を通じての大きな目標として、「その外国語でのA1レベルでの双方向的なコミュニケーションが可能になること」が設定されている場合、その目標が当該の単元のパフォーマンス課題で達成されたかどうかは常にパフォーマンス評価の評価規準の一つとして含まれます。年間の目標設定とパフォーマンス課題の評価規準を明確に設定することで、教員は授業で達成すべきことに立ち戻り、意識して授業を運営でき

ますし、学習者はパフォーマンス評価の規準を、授業の目標を達成するための道標としてとらえることができるのです。各単元のパフォーマンス評価の評価規準は、単元ごとの学習内容を反映した「ミクロな評価規準」と、授業全体の年間での目標を反映した「マクロな評価規準」との両方を包含したルーブリックとして構成されることになります。

2.3.2 ルーブリックの作り方

ルーブリックの評価項目は、実際にどのように設定されるべきものでしょうか。ルーブリックの定義は、「成功の度合いを示す数レベル程度の尺度と、それぞれのレベルに対応するパフォーマンスの特徴を記した記述語からなる評価基準表である」*9です。これを使う目的は、総合的な言語運用であるパフォーマンス活動の「質」をとらえることにあり、その上で「尺度とは、成功の度合いを数レベル程度で示し

Column **ルーブリックを作るために**

ルーブリックの作成に関しては、以下の図書が具体的な参考書として挙げられます。

ダネル・スティーブンス／アントニア・レビ（2014）佐藤浩章、井上敏憲、俣野秀典訳『大学教員のためのルーブリック評価入門』玉川大学出版部

グラント・ウィギンズ／ジェイ・マクタイ（2012）西岡加名恵訳『理解をもたらすカリキュラム設計』日本標準

奥村好美、西岡加名恵編著（2020）『「逆向き設計」実践ガイドブック』日本標準

高浦勝義（2004）『絶対評価とルーブリックの理論と実際』黎明書房

西岡加名恵（2016）『教科と総合学習のカリキュラム設計——パフォーマンス評価をどう活かすか』図書文化社

西岡加名恵他著（2017）『パフォーマンス評価で生徒の「資質・能力」を育てる——学ぶ力を育てる新たな授業とカリキュラム』学事出版

*9 西岡・田中, 2009, p.14

たものであり、記述語とは各レベルのパフォーマンスの特徴を示した」[*10]ものです。ここで言う記述語とは、「各レベルのパフォーマンスの特徴を示し」、ルーブリックの複数ある評価項目を構成します。授業における学習者の習得到達目標をルーブリックの評価項目として設定しますが、記述語にするには、「～することができる」という表現にする必要があります。

この記述語による評価項目は、授業の年間の目標や、授業の枠組みを越えた長期的な言語の習得、さらには外国語の習得といった「マクロな評価規準」と、その単元での学習内容に直結する「ミクロな評価規準」を含みます。例えば、「当該言語の習得を通じて、母語や既習言語の比較を行うことで、当該言語の言語的特性に気づく」というようなことは、外国語教育を行う上では、学習者に最終的に期待する重要なエレメントと考えられます。しかしそうした気づきを得ることは、初学者にとっては、一つの単元で達成されるようなものではなく、1年間の授業を通じても難しいことかもしれません。しかし、このような項目が単元ごとのパフォーマンス課題のルーブリックの評価項目に含められていれば、学習者はそれがこの授業の大きなテーマであることを理解することができるでしょう。ルーブリックは、何が評価されるのかを学習者に示すことにとどまらず、授業の到達目標を学習者に伝えるものです。そしてまたルーブリックは、段階的な評価によって、到達目標に至るためにどのような段階があるのかを学習者に言語化して伝えることにも役立ちます。

その上で重要なのが、ルーブリックにおける「尺度」の考え方です。「記述語」によって設定されたルーブリックの評価項目は、「できる／できない」の二元法ではなく、一般的には4つの段階で記述します。教員は学習者がどの段階に位置しているのかを評価します。「記述語」によって設定されるルーブリックの評価項目がどのような到達目標に向かっていくものであり、その達成にどのような段階があるのか、ということをこの「尺度」によって言語化していくプロセスが、ルーブリックの作成には不可欠です。その尺度は、ルーブリックで評価される学習者にとって、単なる評価にとどまらず、次の習熟段階に至るためのより具体的で多角的な目標設定に直結しています。文法偏重や語彙偏重の学習経験を経てきた学習者にとっては、このルーブリックの「記述語」と「尺度」による評価規準が、より具体的な言語運用の指標とな

＊10 奥村・西岡, 2020, p.38

ります。

また、ルーブリックを作成することは、ルーブリックの評価項目が達成できるように、教員側がどのように各回の授業を構築するのかについてのマイルストーンの役割を果たします。授業で言及し、実施した内容を評価するのは、学習者と教員の信頼関係において重要なことです。到達目標に至るための授業の活動内容を、あらかじめ設定した目標から「逆向き設計」で考えていくことは、年間、単元ごと、授業ごとでの複数のレイヤーにわたる目標に即した一貫性のある授業の構築に役立ちます。授業、そして課題を「やりっぱなし」ではなく、ある目標に収斂していくような一貫性のあるものとするためにも、このルーブリックの作成による目標の言語化は非常に重要な役割を担っています。

一方で、外国語の授業の実践経験がある教員なら誰しも、授業はその年、そのクラスの学習者たちによって大きく変わる側面があるということを実感しているでしょう。年間での目標を設定し、単元ごとの内容を決めてはいても、授業を行っていく途中で当初の目標や想定していた内容を変更せざるを得ないことも少なくありません。クラスの状況に応じて、当初の目標に沿って設定していたルーブリックに固執する必要はなく、むしろルーブリックは、その授業、そのクラスの学習者たちの能力や意欲を反映させ動的に変化させていくべきものです。そのクラスの学習者をよく観察することで、新たな評価できる項目を言語化し、ルーブリックに追加することも可能です。ルーブリックはこのような形で、当初想定していた授業計画と、授業を実践する中でのクラスでの実際の状況とをつなぐ役割を果たすことができるのです。

2.3.3 学習のツールとしてのルーブリック

ルーブリック評価は教員による評価規準として使用されるだけではなく、学習者による自己認識、あるいは自己評価のツールとして授業に導入することも有効です。ルーブリックを学習者の自己評価(あるいは学習者間のピア評価)として使用することで、学習者自身がどの項目に関してはどの程度達成できており、どこが不得手であるのかを、より主体的かつ自律的に認識することが可能になります。その点で、学習の主体を学習者に移す授業を目指す上での効果的なツールともなり得るのです。

例えば、単元の開始時と単元終了後、あるいは単元の途中などで、このルーブリックによるパフォーマンス評価の規準を学習者に共有し、学習者の自己評価を促すことを、一つの重要な学習活動として授業に組み込んでみてはどうでしょうか。そうすれば、授業前にルーブリックを学習者と共有することで、ルーブリックが教員の考える授業における習得目標を学習者に伝えるコミュニケーション・ツールとして機能します。また、その単元での授業を通じて、これから学ぶ内容を教員がどのように評価するのかが学習者に共有され、学習や評価が教員による一方的かつ独占的なものではなくなる、ということも重要なポイントです。習得する学習内容と必要とされる言語運用について学習者がより明確に理解することで、教育の主体が教員から学習者に移り、学習者が自律的な学習者となることにつながります。学習者がこのようなルーブリックによるパフォーマンス評価で評価されることに慣れていくと、評価の妥当性についての疑問が学習者から出されることもあります。しかし、それは学習者がより主体的な学習者として外国語学習に参画するようになったことの証左であり、喜ばしいことだと言えるでしょう。

さらに、パフォーマンス評価のルーブリックを学習者間でのピア評価のツールとして用いることによって、学習者は他の学習者の実践を評価の視点から観察し、それを通じて自己を客観的に見ることも可能になります。学習者によって、文法などの習得に優れている、パフォーマンス課題での臨機応変の対応に優れている、ICTに長けて調べることに優れているなど、さまざまな異なった特性があります。ルーブリックによる複数の評価規準による評価は、それらの特性の異なりをすくいとり、評価項目として顕在化させることもできます。さらにこれをピア評価のツールとして用いれば、学習者が客観的な自己像を得ることにつながるだけでなく、他の学習者の実践を評価の視点から見ることによって、ある評価項目を言語運用に移す上では別のやり方や工夫が必要であった、という気づきが得られるでしょう。実際には、外国語を用いたコミュニケーションとは多角的で多層的なものなので、学習者はこのルーブリックを用いたピア評価を用いて、自分により適したコミュニケーション方法や、さらに努力が必要な部分を理解するだけではなく、どのような人とのどのような協働があれば、よりコミュニケーションが円滑に実践されるのかを理解することにもつながるでしょう。

2.4 パフォーマンス課題を可能にするアシスト

大学では今後、中等教育までの間に新学習指導要領の「資質・能力論」に基づいた教育を受けてきた学生を教育することになります。そのような意味では、学習者が中等教育まで受けてきた教育は私たち教員が受けてきたものとは大きく異なるはずであり、パフォーマンス評価やパフォーマンス課題についてもすでに馴染みのある学習者が授業にやってくる可能性は高いでしょう。本章で述べてきたパフォーマンス評価とパフォーマンス課題を授業に導入することは、教員が考えるよりは学習者にとってハードルの低いものである可能性があります。その上で、大学教員が新学習指導要領を知り、学習者が中等教育まで受けてきた教育を知り、大学で始まる第二外国語教育においてもそれらの教育との連続性を持たせた授業設計をすることは大きな意味があります（本章実践例の二つ目で詳しく示します）。一方で、パフォーマンス評価やパフォーマンス課題を大学の第二外国語授業において初めて経験する学習者も一定数いることを考えておかなくてはなりません。重要なことは、語彙や表現、文法などのいわゆる学習とパフォーマンス課題での言語運用との間に連続性が生まれるようなアシストを教員側が行うことです。教員が「この文法を学んだので、では、早速パフォーマンス課題で実践してみましょう」と言って、すべての学習者が「学習」を「運用」にスムーズに移せるわけではありません。例えば、パフォーマンス評価のためのルーブリックを単元前や単元の途中で学習者と共有し、学習者自らに書き込ませることは、「学習」を「運用」に移すための一つの効果的なアシストとなり得ます。「学習」の内容がどのようなアウトプットとして評価されるのか、複数の評価基軸の関連から評価できることになるからです。

また、パフォーマンス課題の実践に不慣れな学習者は、課題の枠組みを超えてスキルを使いこなすどころか、課題の実践自体が困難な場合も少なくありません。パフォーマンス課題は多くの場合、人前で実践することが要求されますし、その場に対応する能力が必要とされます。これまで「学習」中心の教育を受けてきた学習者を言語の「使用」「運用」へと移行するためには、やはり段階的なステップが必要であり、それは外国語自体の習得と並行して、言語を自発的に使用することに漸次慣れていけるようにアシストする必要があります。「やり取り」についてのパフォーマンス課題を例にとって考えてみましょう。1年間の授業の開始時には、パフォーマンス課題を「シナリオを覚えて（シナリオにはオーセンティシティを持たせることが重要です）ロールプレイする」とし、より自由度を低く設定します。単元が進む毎に、シナリオの内容を一部置き換える、次は学習内容の表現リストから自分でシナリオを作成する、さらにシチュエーションのみを設定して自分でシナリオを考える、といったような段階的なパフォーマンス課題のアシストと自由度の設定を行います（理論的には、最終段階はシナリオのない、自発的なやり取りを想定しています）。このようなアシストを介し、オーセンティシティの高いパフォーマンス課題を設定することを通じて、授業を言語実践の場とし、学習者に言語の運用経験をしたという実感を持たせることが、その学習者固有の言語能力に働きかけ、学習者の自律性を促し、学習者の既習の他の言語との連携を深める重要なファクターとなります。

実践　パフォーマンス課題とルーブリック

実際にどのようにパフォーマンス課題とルーブリックを構築していくのかを、実践例をもとに考えてみましょう。

三つの外国語授業の実践例を紹介します。いずれも特定の言語に関するものではありますが、他の外国語の授業でも応用可能です。

2.5 大学初習中国語授業におけるパフォーマンス課題の例[*11]

この授業は初学者を対象とした25人程度のクラス授業で、この授業の年間目標は

*11 この実践例は、神奈川県立藤沢高等学校の潮田央氏に原案をご提供いただきました。ここに記して感謝申し上げます。

次のようなものです。

中国語によるコミュニケーションにおける見方・考え方を働かせ、中国語による聞くこと、読むこと、話すこと、書くことの言語活動を通して、簡単な情報や考えなどを理解したり表現したり伝え合ったりするコミュニケーションを図り、中国語及びその背景にある文化や社会、中国語を使用する人々の考え方や価値観に関心を持ち、自他の文化や社会を理解する。

この年間目標のもとで、年間の単元案は以下のように設定されています。

時期	単元名	パフォーマンス課題
①4月、5月	中国語で挨拶して名刺交換しよう	挨拶して名前や国籍を言う（会話）
②6月	買い物してみよう	買い物のロールプレイ（会話）
③7月	一日のことをまとめてみよう	自分の一日のことを用紙にまとめる
④8月、9月	自分のことを説明しよう	自分の名前、年齢、（家族構成）、住んでいる場所、趣味等を紹介する（発表）
⑤10月	人を紹介しよう	自分の好きな有名人のことを紹介する
⑥11月	場所の紹介、道案内をしよう	日本を訪問予定の中国人の友人に東京案内のビデオレターを送る

6単元めにあたる「場所の紹介、道案内をしよう」を取り上げて、どのように年間目標、単元目標と連関させながらパフォーマンス課題を設定していったらよいのかを考えてみましょう。

「場所の紹介、道案内をしよう」での単元の目標は次のように設定されています。

単元目標：

①移動に関することや、目的地の地理を紹介することについて、語彙、表現、文法、言語の働きを理解する。

②それらを聞いたり話したりする技能を身に付ける。

③聞き取った友人の話を踏まえて、移動の方法を提案したり、自分の考えを表現したりする。

④東京に行きたいと思う相手に対し、移動の方法や当地の魅力を調査し、相手に伝えるために、自分の考えを粘り強く中国語で表現しようとする。

⑤日本の首都圏の地理や観光地を外国人に伝えることで、自文化について客観的に考える。

これらの単元目標は、年間目標とマクロな連関を持ちながら、「場所の紹介、道案内をする」というミクロの目標にブレイクダウンされています。例えば、年間目標の「簡単な情報や考えなどを理解したり表現したり伝え合ったりするコミュニケーションを図り」という部分は、単元目標の「東京に行きたいと思う相手に対し、移動の方法や当地の魅力を調査し、相手に伝えるために、自分の考えを粘り強く中国語で表現しようとする」の部分が対応し、「中国語及びその背景にある文化や社会、中国語を使用する人々の考え方や価値観に関心を持ち、自他の文化や社会を理解する」という部分は、「日本の首都圏の地理や観光地を外国人に伝えることで、自文化について客観的に考える」の部分が対応しています。

そして、これらの目標に到達するためのパフォーマンス課題は、次のように設定されています。

> 来日する中国の大学生から送られて来たビデオレターの内容に基づき、東京・上野への行き方、所要時間、金額、一緒に食べたいもの、日本の美術品とその魅力について相手に伝える内容のビデオレターを撮影する。

このパフォーマンス課題は、従来は「文通」という形で設定されていたような課題内容を、今日的なビデオレターの作成という形に変更しています。ビデオレターには、いくつかのメリットがあり、まず受信側は一回で聞き取る必要がなく、何度も聞き直すことができ、わからない個所は、動画を止めて辞書で調べたり、翻訳アプリを用いたりして内容を理解することができます。また発信側は、調べた内容を入れたり、話す内容を検討したりでき、翻訳アプリを使用することで未習の内容を盛り込むことも可能になります。そのため、音声によるやり取りですが、会話のように即時的な対応が必要というわけではなく、初級者でも実行可能です。初学者を対象とした課題では、覚えたスキットを繰り返すだけのものが多いですが、これであれば自発性の高い課題とすることができます。

この課題設定のもう一つのポイントは、中国でのコミュニケーションの主流となっているのがボイスチャット（ボイスメッセージ）によるやり取りであるため、実際に学習者が体験する可能性の高い、オーセンティシティのある課題となっている点です。

この単元は3コマの授業から成り立ちます。必要な文法、表現、語彙などの学習と、パフォーマンス課題の取り入れ方、そして単元全体の流れがどのようなものになるのかを見てみましょう。

コマ	学習活動	具体的な到達目標
1	・本単元の目標を理解する。 ・教科書の例文等を参考に、移動に関わる語彙や表現を理解する。 ・移動に関する語彙や表現を使い、ペアやグループで会話する。	①移動に関することや、目的地の地理を紹介することについて、語彙、表現、文法、言語の働きを理解する。 ②それらを聞いたり話したりする技能を身に付ける。
2	・友人からのビデオレター見て、内容を理解する。 ・友人への返答のために、必要なことを調べる。ビデオレターに基づき、返答をまとめる。 **・友人へのビデオレターを撮影する。（授業外）**	③聞き取った友人の話を踏まえて、移動の方法を提案したり、自分の考えを表現したりする。
3	・1コマ目で学習した語彙や表現について小テストを行う。 **・学びの内容を点検するため、ビデオレターを相互に評価したり、振り返りを通して自分の考えを見直したりする。**	①移動に関することや、目的地の地理を紹介することについて、語彙、表現、文法、言語の働きを理解する。 ④東京に行きたいと思う相手に対し、移動の方法や当地の魅力を調査し、相手に伝えるために、自分の考えを粘り強く中国語で表現しようとする。 ⑤日本の首都圏の地理や観光地を外国人に伝えることで、自文化について客観的に考える。

上表の①～⑤が単元目標で、これと関連を持たせながら授業内の活動を展開させます。1コマ目で移動に関する表現や、場所や施設について紹介する表現を学習し、これを踏まえ、2コマ目で中国人の友人から送られてきたビデオレターを理解し、そこで述べられた内容に返答する形で、ビデオレターを作成し、3コマ目で撮影されたビデオの内容について、自己評価および相互評価と教員による評価を行います。ビデオレターのストーリーは以下のとおりです。

> SNSを通じてできた中国人の友人が東京に遊びに来ることになる。その友人は、12月5日に成田空港に来る。成田から東京に行きたい。日本の美術品を博物館で見たい。成田空港からその場所までの行き方、乗り物、その金額、所要時間を知りたい。おすすめを教えてもらいたい。お昼を一緒に食べたい、ということをビデオレターで伝えてきた。

学習者はこの内容を的確に聞き取り、相手の意図をくんだビデオレターを作成します。つまり、このビデオレターでは相手の意図を読み取り、それに答える方法を考えなくてはなりません。相手のビデオレターについては、中国語ネイティブ話者に上記の内容に基づいて話してもらいます。授業で公開する際には、Web上で学習者と共有して、内容を何度も確認できるようにします。撮影は学習者の持つスマートフォンで行い、撮影したビデオレターはオンラインのプラットフォームにアップロードする形で提出を求めます。集めたビデオレターは学習者と共有することも、評価の材料とすることも可能です。

2.6 大学初習ドイツ語授業におけるパフォーマンス課題の例[*12]

次に紹介するのは、初学者を対象としたドイツ語の授業です。ここでは「三つの資質・能力」に基づき、年間目標と単元目標およびパフォーマンス課題を含めた授

---

*12 この実践例は、横浜市立みなと総合高等学校の池谷尚美氏に原案をご提供いただきました。ここに記して感謝申し上げます。

国語教育の授業の目的をより明確に言語化しています。

この年間目標をもとに、年間の単元案を次のように設定します。

時期	単元名	パフォーマンス課題
①4月・5月	挨拶・自己紹介	自分の名前や住んでいる所を話そう
②6月・7月	好き（好きではない）教科、スポーツ等	自分の好き/嫌いな教科や趣味について話そう
③9月・10月	ペット・持ち物	自分の持ち物やペットについて話そう
④10月・11月・12月	自分の一日や一週間	自分（ドイツやフランス、中国）の一日・一週間を相手に伝えよう
⑤1月・2月	週末の予定、得意なことを話そう	待ち合わせ・出来ることを話そう

この授業の中の４単元め、「自分の一日や一週間」を取り上げます。年間授業と連関を持たせた単元目標の設定やパフォーマンス課題の設定だけでなく、年間目標で触れた「三つの資質・能力」に留意して目標と実際の授業活動をどのように考えていくか、そしてさらにそれをどのようにルーブリックで評価するのかを見てみましょう。

まず、単元目標は次のように設定されています。

生きて働く 知識・技能の習得	未知の状況にも対応できる 思考力・判断力・表現力の育成	学びを人生や社会に生かそうとする 学びに向かう力・人間性の涵養
・数字の表し方 ・時間や曜日の言い方（～時に/～曜日に～をする） ・一日の流れについての言い方	・自分と同年代の、様々な国の学生たちの学校生活について想像する力。 ・目的に応じて必要な情報を収集し、表現する内容を判断する能力。 ・既習事項やビジュアルエイドを活用しながら、伝えたい事柄を工夫して構成・表現する能力。	・自律的・主体的に外国語を用いて、相手に伝えようとする態度。 ・ドイツ語圏や、他の文化圏の学校生活について理解し、相手の文化背景を考慮しながら、情報や考えを伝えようとする態度。 ・目標言語の学習を通じて、積極的に周囲の人を尊重しながら関わり、相互理解を深めようとする態度。

業内の活動と、その評価に連関を持たせた授業計画をどのように作成するのかを見てみましょう。

この授業は、初学者を対象とした10人程度のクラス授業で、この授業の年間目標は、次のようなものです。

> ドイツ語圏の同世代の学生や、身近にいる同世代の学生と交流することを想定し、ドイツ語やドイツ語圏の文化に関心を深め、相手の文化と自分の文化をお互いに紹介するような活動を通じ、自己紹介・趣味・自分の一日について話題にし、自ら発信することができる。

さらにこの授業では、年間目標を「三つの資質・能力」にブレイクダウンして、次のように設定されています。

生きて働く 知識・技能の習得	未知の状況にも対応できる 思考力・判断力・表現力の育成	学びを人生や社会に生かそうとする 学びに向かう力・人間性の涵養
・ドイツ語の音声、語彙、文法、言語の働き等を母語や既習言語の知識を援用しながら理解する。	・相手と自分の関係や、相手の文化的な背景に配慮しつつ、コミュニケーションを円滑に進めるために、4技能のスキルを場面に応じて適切に運用することができる。 ・相手の考えを理解し、自分の考えを様々な手段（文字テキスト、ジェスチャー、写真、動画等）を使いながら伝えることができる。	・相手と積極的に関係を構築するために、自ら発信し、積 的にコミュニケーションを ろうとする態度を養う。 ・ドイツ語圏の文化を、他文 や自文化と比較しながら理 を深めることと同時に、自 化や固定観念についても することができる。

この授業案は、語彙や文法などのいわゆる言語についての知識のレイヤー
「知識・技能」、そして、それを実際に言語として運用することができる能
ヤーである「思考力・判断力・表現力」、そして、ともすると1年間の授業
越え出て学習言語あるいは外国語それ自体を学習することによって培われ
語・メタ文化的能力のレイヤーである「学びに向かう力・人間性」の三つの
て年間目標を設定することで、本質的に複合的でマルチレイヤーの活動が

この単元目標を達成するためのパフォーマンス課題は次のとおりです。

　ドイツ語圏の同世代の学生や同世代の身近な学生と交流することを想定し、自分たちの一日や一週間について話そう！

　この単元の三つの資質・能力の三つの項目に対応する形で、評価方法と目標との連関の中で設定された評価の規準は以下のようになります。ここで注意しておきたいのは、「知識・技能」「思考力・判断力・表現力」に関しては、目標の項目と評価規準の項目は一致していますが、「学びに向かう力・人間性」は、項目が二つに分かれ、「主体的に学ぼうとする態度」と「観点別状況評価や評定には示しきれない一人ひと

知識・技能	思考力・判断力・表現力等	学びに向かう力・人間性	
		主体的に学ぼうとする態度	観点別状況評価や評定には示しきれない一人ひとりの学習者のよい点・可能性・進歩の状況
⇒観点別学習状況評価 （数値化する）			⇒個人内評価 （数値化できない）
・数字を正しく聞いたり、発音したりできるか ・時間や曜日の言い方（～時に／～曜日に～をする）を表現できるか ・一日の流れについて読んだり、書いたり、話したりできるか	・自分と同年代の、様々な国の学生たちの学校生活について想像できているか ・目的に応じて必要な情報を収集・表現できているか ・既習事項やビジュアルエイドを活用しながら、伝えたい事柄を工夫して構成・表現しているか	・ドイツ語圏や、他の文化圏の学校生活について理解し、相手の文化背景を考慮しながら、情報や考えを伝えようとしているか ・目標言語の学習を通じて、積極的に周囲の人を尊重しながら関わり、相互理解を深めようとしているか	・自律的・主体的に外国語を用いて、相手に伝えようという意欲を持つことができたか ・ドイツ語圏、他の言語圏、自文化と比べて、どのような気づきがあるか ・ドイツ語圏をはじめ、他の文化に興味をもって学習ができているか ・自分の学習について、内省し、次にどのような学習が必要か分析できているか

りの学習者のよい点・可能性・進歩の状況」となっていることです。「主体的に学ぼうとする態度」には「学びに向かう力・人間性」の項目の中で定めた目標のうち点数化可能な要素を置き、「観点別状況評価や評定には示しきれない一人ひとりの学習者のよい点・可能性・進歩の状況」には、点数化できない学習者個人の努力や取り組みを置いています。特に、外国語学習を通じて学習者に得てほしい気づきや態度、学習を通じて学習者になってほしい人間像が、この項目に含まれます。

この評価項目で定めた規準をどのように実際の具体的な授業活動で評価していくのかを次の表で示します。「知識・技能」の項目は文法項目や語彙についてのペーパーテスト、「思考力・判断力・表現力」については、パフォーマンス課題の原稿やパフォーマンス課題発表時の発音などに見られる学習項目の運用能力、「主体的に学ぼうとする態度」については、パフォーマンス課題の発表で、総合的なコミュニケーションが成立しているか、不測の事態に対応できているかなどを評価します。

回	学習活動	具体的な評価規準	評価方法
1	①時間の言い方と曜日の言い方を学ぶ	【知識・技能】数字や曜日を理解している 時間や曜日の聞き方や答え方を理解している 【思考力・判断力・表現力】自分が何時に何をするか、単文で質疑応答できる 【主体的に学ぼうとする態度】分からないところがあっても助け合い、相手に伝えようとしている	単答式ペーパーテスト ペアでの受け答え ペアでの受け答え 行動の観察
	②一日の生活についてテキストを読む	【知識・技能】何時に何をするかが言える 【思考力・判断力・表現力】書かれている内容を自分の場合に応用できる 【主体的に学ぼうとする態度】テキストの真似ではなく、できるだけ自分の日常生活を言おうとしているか	テキスト内容理解に関する小テスト ペアワークでの発言の内容

2	①ドイツ語圏の高校の時間割を見て、日本の時間割と比べる	【知識・技能】ドイツの学校での時間割について理解している 【思考力・判断力・表現力】ドイツの時間割を見て、何曜日にどの授業があるか、何時で終わるかを言える 【主体的に学ぼうとする態度】 日本とドイツ語圏の学校生活を比べる	時間割の科目・小テスト ペアワークでの発言の内容
	②一日や一週間の生活についてお互いに尋ね合う	【知識・技能】学校生活に関する単語を理解し、動詞を変化させて文を作ることができる 【思考力・判断力・表現力】相手に何曜日に何があるかを聞くことができる 【主体的に学ぼうとする態度】 相手の一日・一週間について興味を持って聞くことができる	ペアでのやり取り 行動の観察
3	①自分の一日や一週間について表現できる	【知識・技能】テキストの重要な情報を読みとることができる 【思考力・判断力・表現力】 自分の一日や一週間を補助資料（小さなポスター）を使って話す 【主体的に学ぼうとする態度】 自分の一日や一週間を聴き手に分かるように伝えようとしている	テキスト内容理解についての小テスト 動画での話す内容
	②発表の評価	【知識・技能】相手チームが発表した内容を正しく理解できる 【思考力・判断力・表現力】相手チームの発表でどんな点が優れているかを判断し、評価することができる 【主体的に学ぼうとする態度】 興味を持って相手チームの発表を理解し、様々な国の学校生活を理解しようとする態度	評価ルーブリック（個人での自己評価、グループでのピア評価）

この授業案では、以下のようなルーブリックを使用しています。これは、単元の意図を学習者に説明する単元の冒頭でまず学習者たちに共有し、その後、3回目の授業の発表時に、自己評価、ピア評価、そして教員による評価で使用します。自己評価やピア評価は、成績には反映されませんが、授業の意図や自分の習熟度を理解することに役立ちます。さらにルーブリックを項目別で4段階の評価にしていることで、自分の得手不得手をより多角的な視点から理解し、次のステップに進むために、どのようなことができるようになるべきかを学習者自身が理解する指標となります。また、ルーブリックを使ったピア評価を通じて、同じ課題を他の人がどのように具体的な実践として行うのかを、同じ指標を用いて客観的に比べることが可能になります。成績評価は、同じルーブリックを用いた教員の評価によるものですが、事前のルーブリックの共有があれば、教員の評価の妥当性はより確実なものとなり、ルーブリックによって学習者と教員の間の信頼を高めることができます。

ルーブリック　該当する所に〇をつけ、コメントを記入しましょう。				
評価（　　）		記入者名（　　　　）		
	努力しよう ☆	あと少し頑張ろう ☆☆	目標達成 ☆☆☆	目標以上を達成 ☆☆☆☆
内容に適した語彙・文法	内容に応じた文型や語彙が選択されていないので、内容が全く伝わらない。	内容に応じた文型や語彙が選択されていないので、内容があまり伝わらない。	内容に応じてごく限られた文型や語彙が選択されている。	内容に応じて多彩な表現を使い、適切な単語や文型を多く使用している。
音声（声の大きさ、発音の明瞭さ）	発音が不明瞭または声が小さいために、ほとんど聞き取れない。	明瞭さまたは声の大きさが足りずに聞き取れない部分が所々ある。	時々不明瞭な所はあるが、大体内容が聞き取れる声の大きさでゆっくりと話している。	十分な声の大きさで、はっきりゆっくり話している。
発表態度	発表メモばかり見て、全く聴き手のほうに意識が向いていない。	発表メモを見ることが多く、聴き手を時々しか見ていない。	発表メモを見ることはあるが、聴き手に頻繁に目を向け、語りかける姿勢や目線で話している。	発表メモにあまり頼らず、聴き手を絶えず意識した姿勢や目線で、聴き手に反応しながら話す。

異文化への意識	日本との違いについて、全く意識されていない。	日本との違いについて、多少意識されている。	日本との違いについて、大いに意識されている。	日本との違いについて、しっかり意識され、独自の考察もある。
協働作業（自分のチームについて）	役割分担ができておらず、負担が偏っている。	役割分担はされたが、結果的に負担が偏った。	役割分担も適切で、個人がそれぞれの役割を果たした。	チームの連携がとれて、お互い助け合いながら実施できた。
その他コメント				

2.7 高校初習ドイツ語授業におけるパフォーマンス課題の例[*13]

最後に紹介するのは、高等学校におけるドイツ語授業の実践例です。三つの資質・能力に対応した高等学校での外国語授業を見てみましょう。この授業は初学者を対象に25人程度のクラス授業で実施されました。

この授業の年間目標は次のように設定しています。CEFR（欧州言語共通参照枠）のcan-doリストに準じて、年間で達成するべき知識・技能の項目を設けています。

年間目標
自己紹介、趣味や住まい、一日の行動や食、買い物や家族など、身近な状況や場面においてドイツ語で表現し理解できるようになる。 ドイツ語ということばの世界に触れることにより、異なる文化・考え方を理解し受け入れ、自分の文化・考え方を客観的にみる能力を身につける。

＊13 この実践例は、慶應義塾高等学校の吉村創氏に原案のご提供をいただきました。ここに記して感謝申し上げます。

生きて働く 知識・技能	未知の状況にも対応できる 思考力・表現力・判断力	学びを人生や社会に生かそうとする 学びに向かう力・人間性
・CEFRのA1のcan-doリスト[*15]に即して設定した12の状況や場面においてドイツ語で表現し理解することができる ・産出的言語行為：発話意図に適した語句や表現を選び、適切に発音し、綴ることができる ・それらの語句や表現を文法構造の整った文のかたちに組み立て、さらに文同士の繋がりを考えつつ一つのテキストにまとめ、イントネーションに留意しながら発話し、また表記規則に従って作文することができる ・受容的言語行為：語句や表現の意味を、その発音を聞いたり文字で書かれたものを読んだときに、文脈にそくして理解することができる ・文法構造を考慮しつつ、発話された、または書かれた文の意味を理解することができる。テキスト構造に留意しつつ、発話や文章の全体から話し手・書き手の意図を把握することができる	・ことばを使用する場面や状況、相手の文化背景や特性などに応じて、単に読解や聴解をするのでなく伝達内容を受け取ろうという態度で理解し、また伝えたい内容が伝わるよう工夫して表現することができる ・ドイツ語力が足りなかったり、分からないことがあっても、臆したりあきらめたりせず、言語以外の伝達方法を利用したり話し相手と協力したりするなどあらゆる手段を駆使して、相手の伝達意図をとらえ、自分の意図を相手に伝えようとすることができる	・何らかの問題を解決するときに、獲得したドイツ語能力を使用することを選択肢の一つとして自分に認め、必要ならば積極的にドイツ語を使うことができる ・ドイツ語を使う自分を肯定的に受け止めることができる ・自分の文化とは異なる文化に触れ、自分とは異なる言語を話す人々と交流しようとする姿勢をとることができる

＊14 Glaboniat, Manuela et al.（2005）を参照して作成。

この年間目標をもとに、授業の年間の単元計画とその単元ごとのパフォーマンス課題を、次のように設定しています。

時期	単元名	課題	パフォーマンス課題
6月～7月	自己紹介をしよう	1. 人と知り合う 2. 自由時間	原稿を読みつつ口頭で自己紹介を行う
7月～9月	理想の1日を書こう	3. 1日の行動	自分の理想の1日について作文する
9月～10月	住まいや暮らしを理解しよう	4. 住まい	なし
10月～11月	カフェでの会話を実践してみよう	5. 食事	教員をウエーターとして、カフェでの会話を演じる
11月～12月	お店での会話を実践してみよう	6. 買い物	ペアで、台本をもとに店での会話を行う
12月～1月	家族を紹介しよう	7. 家族	原稿を読みつつ口頭で紹介を行う

ここでは4単元め、10月～11月に実施された「食事」を取り上げます。この単元は、1コマ50分の授業6コマ分を想定しています。

この単元の単元目標は次のようなものです。「知識・技能」の項目には、年間目標に挙げられたcan-doリストの項目のうち、本単元の学習内容に当てはまるものをピックアップしています。

単元目標（資質・能力の３つの柱）

単元目標		
食についてドイツ語で表現し理解できるようになる ・普段の食事について表現する ・カフェでやり取りする ・ドイツの食文化について理解する		
知識・技能	思考力・表現力・判断力	学びに向かう力・人間性
年間目標であげた状況や場面のうち、次の二つにおいてドイツ語で表現し理解することができる 6. 周りにあるものごと 8. 飲食店における対応 この単元で参照する既習事項	1. ことばを使用する場面や状況、相手の文化背景や特性などに応じて、単に読解や聴解をするのでなく伝達内容を受け取ろうという態度で理解し、また伝えたい内容が伝わるよう工夫して表現することができる 2. ドイツ語力が足りなかったり、分からないことがあっても、臆したりあきらめたりせず、言語以外の伝達方法を利用したり話し相手と協力したりするなどあらゆる手段を駆使して、相手の伝達意図をとらえ、自分の意図を相手に伝えようとすることができる	1. 何らかの問題を解決するときに、獲得したドイツ語能力を使用することを選択肢の一つとして自分に認め、必要ならば積極的にドイツ語を使うことができる 2. ドイツ語を使う自分を肯定的に受け止めることができる 3. 自分の文化とは異なる文化に触れ、自分とは異なる言語を話す人々と交流しようとする姿勢をとることができる

この単元目標を達成できるようになるためのパフォーマンス課題は次のとおりです。

パフォーマンス課題

教科書の語句や表現を応用して、カフェでの会話を実践してみましょう
教員が扮するウエーターを相手に、お客さんの立場で、注文から支払いまでドイツ語で対応しましょう
お客さんは1名でもよいですし、4、5名で来店しても構いません

このパフォーマンス課題を実施するにあたって、単元内の授業は次のように割り振ります。

① 4コマ	パフォーマンス課題を実践する上での単元の内容理解 ① 語句や表現の学習 ② モデル文の学習 ③ ドイツの食文化の学習
② 1コマ	パフォーマンス課題の準備
③ 1コマ	パフォーマンス課題の実践

パフォーマンス課題の準備のために、4コマを使って、パフォーマンス課題のベースとなる学習を行います。課の内容を理解するため、まずは教科書を通して語句や表現を学びます。次に、モデルとなる会話文を設定し、これをまずドイツ語で演じて、さらに日本語で演じる、ということを行います。さらに、ドイツの食文化についての文章を読み、知識・技能の部分だけにとどまらず、実際にこのような場面を演じる上で必要な文化の差異について学びます。このような段階を経て、実際のパフォーマンス課題を1コマで準備します。

パフォーマンス課題の準備段階として次のような活動を行います。まず、パフォーマンス課題の内容であるカフェでの会話をモデル文を参考にしてグループで作成し、一度クラス内での発表を行います。その際、他のグループの発表の良いところと改善点についてお互いにコメントします。クラス内での発表でのこのようなコメント、および他のグループでの発表を見てのフィードバックを元に、作成した会話文の修正を行います。さらに、今回のパフォーマンス課題では、予期せぬ事態への対応が含まれています。カフェでの会話という場面設定の中で、起こり得る出来事、ハプニングをグループの中で話し合いまとめた内容を、クラス全体に発表してその対処法を考えます。このように、一旦作成した内容へのフィードバックを含めた準備を行なった上で、単元の最終コマでは、次のような形でパフォーマンス課題の実践を行います。

パフォーマンス課題実践授業の指導案

① アルファベートの発音（ウォーミングアップ）
② グループで最後の確認（5分程度）
③ 1グループずつパフォーマンス課題の実践
④ 自己評価（5分程度）

パフォーマンス課題の際には、発表者は着席した状態で、教員が扮するウェーターを待ち、注文する・食事がくる・会計、の三つの場面、およびウェーターによって引き起こされる予期せぬ事態（予定していた料理が注文できない、注文を間違えられる）への対応を行います。最後に、以下に記載するルーブリックのプリントに記述する形で自己評価を行なって終了となります。

評価規準：ルーブリック*15

	目標以上達成	目標達成	もう少し頑張ろう	努力が必要
1. 語句の発音・文の抑揚	語句の発音や文の抑揚が完璧であり、聞き取るのにまったく問題ない	語句の発音や文の抑揚にあまり間違いがなく、聞き取るのにそれほど問題がない	語句の発音や文の抑揚に間違いがあるが、聞き取れないほどではない	語句の発音や文の抑揚に間違いが多く、聞き取りづらい
2. 語句や表現の使用	語句や表現を効果的に用いることができる	語句や表現を適切に用いることができる	用いる語句や表現が限られてはいるが、意図は伝わる	語句や表現を適切に用いることができず、意図が伝わらない
3. 流暢さ	つかえたり止まったりすることがなく、流暢に会話を進めることができる	時々つかえたり止まったりはするが、概ね流暢に会話を進めることができる	つかえたり止まったりすることが目立つが、会話の流れを滞らせるほどではない	つかえたり止まったりすることが多く、会話の流れを滞らせる
4. 予測できない場面における対応	予測できない場面において、適切な対応で問題を解決することができる	予測できない場面において、何とか問題を解決することができる	予測できない場面において、問題を解決しきれないが、何らかの対応はできる	予測できない場面において、対応できていない

新学習指導要領においては、特に英語を中心とした外国語強化を目的とすることにおいてCEFRを参考にしていることからも*16、「三つの資質・能力」にCEFRの枠組みを矛盾なく組み込むことが可能です。また、実際にパフォーマンス課題を行うにあたって、準備段階の作業を細かく設定し、さらに実際に会話文を作成してからのフィードバックを行うことで学習者により客観的かつ授業の意図を深める工夫がされているところに注目しましょう。

---

*15 実践例②と実践例③のルーブリックでは、ルーブリックの評価規準を右に行けばいくほど良いとするのか、左に行けばいくほど良いとするのかで形式が異なっています。形式としてはどちらも有効ですので、より見やすい形式に沿って作成を行ってください。

*16 文部科学省(2020)。

3

CEFRの複言語主義とメタ言語能力

境 一三

理論　複言語・複文化教育

3.1 複言語・複文化教育の入口——CEFRを手がかりに

本章では、まず「複言語・複文化主義*17」という概念について、欧州評議会の定義を示し、それが意味するところを検討します。次に日本社会が多言語・多文化化しているのにもかかわらず、言語教育は英語一辺倒でしかも「知識・技能」に重点を置いたままで、日本の現状にそぐわないことを指摘します。また、複言語主義の二つのカテゴリー（能力としての複言語主義と価値としての複言語主義）のうち、価値としての複言語主義が教育現場でより重点を置かれるべきものであることを論じます。

最後に、メタ言語能力とは何か、またそれが言語教育で養成されるべき力の一つであることを示します。実践では、同一言語圏内での文化や価値観の多様性に学習者の目を開くことが重要であることを指摘します。

3.2 複言語主義と多言語主義

欧州評議会の*Common European Framework of Reference for Languages*（以下CEFRとする）の日本語訳『外国語の学習、教授、評価のためのヨーロッパ共通参照枠』（2014追補版）には複言語主義（plurilingualism）について次の記述があります。

> 複言語主義は多言語主義（multilingualism）と異なる。後者は複数の言語の知識であり、あるいは特定の社会の中で異種の言語が共存していることである。多

---

*17 「複言語」と「複文化」は一体のものとして扱われるべき概念です。言語は文化を構成する重要な要素であり、言語学習は文化学習と切り離すことはできません。本章での論述は、「複言語主義」を中心に展開しますが、「複言語」と言う場合、必ず背後に「複文化」も含んでいます。

言語主義は単に特定の学校や教育制度の中で学習可能な言語を多様化すること、または生徒たちに一つ以上の外国語を学ぶように奨励したり、あるいは国際社会における英語のコミュニケーション上の支配的位置を引き下げることで達成され得る。一方、複言語主義がそれ以上に強調しているのは、次のような事実である。つまり個々人の言語体験は、その文化的背景の中で広がる。家庭内の言語から社会全般での言語、それから（学校や大学で学ぶ場合でも、直接的習得にしろ）他の民族の言語へと広がって行くのである。しかしその際、その言語や文化を完全に切り離し、心の中の別々の部屋にしまっておくわけではない。むしろそこでは新しいコミュニケーション能力が作り上げられるのであるが、その成立には全ての言語知識と経験が寄与するし、そこでは言語同士が相互の関係を築き、また相互に作用し合っているのである。

（日本語版4頁、下線は筆者による）

ここでは、複言語主義は多言語主義と対比的に語られています。まず注意しなければならないのは、plurilingualismやmultilingualismの語尾です。これが-ismであるために、訳者も翻訳の伝統に則って「主義」とせざるを得なかったと思いますが、ここではもう少し広く、「状態」や「能力」も意味するものととらえておきましょう。

多言語主義と複言語主義は、社会と個人の在り方に着目した対比である、つまり、特定の社会の中での複数の言語が併存することを示すのが多言語主義で、個人の中に複数の言語があることが複言語主義であると一般的にとらえられています。しかし、上記の引用をよく読むと、一人の中に複数の言語があっても、それが単に複数言語の知識としてバラバラに存在するのであれば、それは複言語とは言えないということがわかります。また、学校で複数の言語科目が提供されるだけでは、複言語とはなりません。重要なのは、個人の中に複数の言語が互いに連関し合い、方言や身振り手振りと一体となってコミュニケーションに寄与するということです。

3.3 二重の単言語主義

複言語主義の考え方から日本の外国語教育を見た時に、現状はどのような様相を呈しているでしょうか。

まず、一つの特徴として、初等中等教育ではほとんどの場合授業科目として英語しか用意されていません。確かに高等学校では2019年時点で677校(7校に1校の割合)で英語以外の科目が提供されていますが、履修者は高校生全体の0.4%に過ぎません*18。

2020年以降、教科としての英語*19は小学校の5・6年生で実施されています。そしてそれまで5･6年生で行われていた外国語活動は3・4年生に繰り下げられています。

ここでの問題を二つ指摘しておきましょう。一つは、外国語活動と言いながら、実態は英語活動であることです。もちろん、積極的に複数の言語に触れる機会を作っている小学校もありますが(酒井志延 2019)、文科省の教材も『Let's Try! 1』*20など、英語に限定されています。

もう一つの問題は、外国語活動(実態は英語活動)や教科としての英語が母語教育と切り離されていることです。つまり、教科としての国語と連関を持たず、子どもの中に複言語能力を形成することが考えられていないということです。日本の教育のあり方は、日本語は日本語、英語は英語として、互いに結びつけが行われていない二重の単言語主義と名付けられるでしょう。

この問題は、高等学校(後期中等教育)や大学などの高等教育機関で行われている、いわゆる第二外国語の教育でも同様です。そこでは、新たに学ぶ言語が必ずしも既習の英語と連関して教えられるようにはなっておらず(カリキュラム、シラバスとも)、生徒・学生の中に複数の言語知識が併存する多言語状態こそある程度実現していますが、それをさらに複言語能力の涵養にまでつなげる意識は一般的に低く、教員や学習者個々の努力によって複言語能力はある程度養われている可能性はありますが、それはまだ政策的、組織的なプログラムにはなっていません。この点が、先進的な言語教育が展開されているヨーロッパとの違いであると言えるでしょう。

---

*18 山崎吉朗(2020)

*19 教科名はあくまでも「外国語」ですが、実態はその中の科目である「英語」と等価と考えられています。

*20 文部科学省(2018)『Let's Try! 1——新学習指導要領対応小学校外国語活動教材』東京書籍

3.4 英語一辺倒ではならない

日本では明治以来、高等教育を受けることのできたごくわずかな人を除いて、中等教育（これですら、享受できたのは限られた人たちでしたが）までで触れることができた外国語は英語でした。それは、先進的な優れた文化を持った英国や米国から学問と文物を移入し、日本の近代化／富国強兵に寄与するためで、英語以外にドイツ語やフランス語が初期高等教育で導入されたのもこの理由によります。しかし、第二次世界大戦後の学術世界の急速な英語化に伴い、日本の高等教育におけるドイツ語やフランス語の需要はしぼんでいきました。

今日では、日本人が国際的な場で活躍するためには英語が必須のものと考えられています。そして、子どもたちにも英語ができれば外国の人びとと話ができ、友だちを作ることができるとして、英語教育の重要性が喧伝されています。もちろん、そのこと自体に大きな間違いはありません。外国人と付き合うための一歩としては英語は役に立ちます。しかし、英語で知り合った人びととさらに友情を深めるためには、相手の言語と文化を知る必要があるでしょう。南アフリカのネルソン・マンデラが言ったように、お互いが理解できる言葉は相手の頭に届くが、相手の言葉で話す時、それは心に達するのです。英語は、多くの人にとって、頭には届くが、心には届かない言語なのです。

> If you talk to a man in a language he understands, that goes to his head. If you talk to him in his language, that goes to his heart. （Nelson Mandela; Smith 2020）

3.5 日本の現状

外国語は外国の先進文化を取り入れるためだけにあるのでしょうか？ また、政治や経済の場で、外に打って出る人のためだけにあるのでしょうか？ 実際にこうした需要はどれだけあるのでしょうか？ こうした需要が実際にどれだけあるかを知るためには慎重な議論が必要ですが、ここでは寺沢拓敬の一連の研究に言及するに留めましょう。寺沢（2014）は、大規模調査のデータを使って、多くの日本人にとって、英語を使わなくてはならない差し迫った需要はないことを示しています。

一方で、英語の需要は、インバウンドの観光客を相手にする観光業の人たちには当然と考えられますが、実は実態はそれよりも進んでいて、多くの観光地で中国語やコリア語などさまざまな言語を使って対応する人びとを見ることができます[*21]。

表[*22]にあるように、日本への外国人の流入は増えています。日本で生活をする外国人との共生は喫緊の課題です。

Inflows of foreign population into selected OECD countries and Russia

	2010	2011	2012	2013	2014	2015	2016	2017	2018
Germany	2	2	2	1	1	1	1	1	1
United States	1	1	1	2	2	2	2	2	2
Spain	5	5	8	10	7	7	7	5	3
Japan	7	7	5	6	6	5	4	4	4
Korea	6	6	6	4	5	6	5	6	5
United Kingdom	3	3	3	3	3	3	3	3	6
Turkey	23	12	13	13	14	15	9	8	7
Russia	10	9	7	5	4	4	6	7	8
Chile	20	20	20	18	19	19	17	13	9
Canada	8	8	9	8	8	8	8	10	10
Italy	4	4	4	7	10	9	10	9	11
France	11	13	11	9	9	10	11	11	12
Netherlands	14	14	16	15	15	13	13	14	13
Australia	9	10	10	11	11	11	12	12	14
Switzerland	12	11	12	12	13	14	15	16	15

表　外国人流入者数の国別順位

また、外国人労働者の出身地域別割合は、グラフ（厚生労働省 2021）にあるようにベトナムが一番多く、その次が（香港、マカオを含む）中国、次いでフィリピン、ブラジルという順番です。それに次ぐのはネパール、インドネシアです。つまり、英語

*21　和歌山県の高野山で、バスの運転手が外国人観光客に対して複数の言語で対応し、食堂でも高齢の店員が片言の外国語でやり取りしているのを見たことがあります。

*22　OECD International Migration Database and labour market outcomes of immigrants（https://www.oecd.org/els/mig/keystat）を元に、筆者が2018年の実数でソートし、順位を表したもの。

を母語とする人たちの割合は「その他」という項目に含まれる人のさらにその一部に過ぎないのです（ただし、フィリピン出身者は、第2言語としての英語を話す人が多いと考えられます）。（2021年10月）

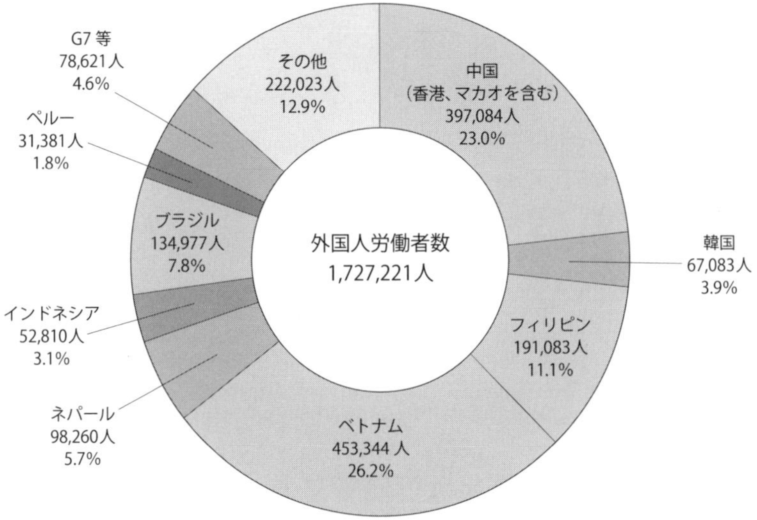

外国人労働者数

現在、日本各地の小学校で、親族に伴われて来日したり、日本で生まれた外国籍の児童、または外国にルーツのある児童が増えていています。横浜市では、飯田北いちょう小学校がその典型で、Webサイトには次のように書かれています。

> 外国籍児童は、1989（平成元）年頃から増え始め、現在は69名が在籍しています。全校児童に占める外国籍児童の割合は約39%であり、外国にルーツをもつ児童を含めた割合は約49%になります。つまり、全校児童の半数が外国につながる児童（外国籍または外国にルーツを持つ児童）になります。

現在の日本では工場地帯を中心として、ますます多くの小学校が多言語・多文化化しているのです。

このような現代の日本では、英語教育よりも、外国にルーツを持つ同級生の言語と文化に関心を持たせるような教育が重要になってきています。Aちゃんのおうちではどんなご飯を食べているのだろう、どんなお祭りをしているのだろう、そしてお父さん・お母さんとどんなことばで話しているのだろうと、子ども自身が興味を持つことが、異言語・異文化体験の第一歩となるのです。つまり、異文化間コミュニケーションの種は身のまわりにあるということです。こうした関心を育てることが、実は何よりも大切であり、まず行うべきことだと思います。小学校で行われる「外国語活動」はこうした視点から行われるべきものだと私たちは考えています。また、それは中等教育でも継続的に行われる必要がありますし、また高等教育でも同様です。ましてや、初等・中等教育の教員を育てるのは高等教育機関ですから、大学教育にその視点は不可欠のものでしょう。

外国語と言った時に、すぐに英語だけを考えるということでは、日本の実態に合っていません。

3.6 すべての言語・文化は等価である

もちろん、日本に存在するすべての言語の教育を学校現場に導入すべきだと言っているのではありません。それは現実には不可能ですし、また地域社会をそうした人びととの共存の場とするためには、必ずしも必要ではないでしょう。「やさしい日本語」がこの問題に対する最も現実的な解だとする論者（庵 2016など）もいますが、ここではそれは論じないことにしましょう。

子どもの教育現場から大人のコミュニティー作りにいたるまで、日本語を母語とするマジョリティーが、日本社会の現実に向き合って、隣人と構成する多言語・多文化社会のありようをしっかりと見据えることが必要です。そのためには、教育現場で児童、生徒、学生が複数の言語と文化に接する機会を作り、学びの実体験をとおして他者を知り、他者と共に生きるすべを身につけることが不可欠です。これこそが、複言語・複文化主義の目指すところでしょう。その前提として、英語以外にどんな言語でもいいので、少なくとも一つの、できれば二つ以上の言語をすべての学習者が学ぶ機会を作る必要があります。

3.7 二つの複言語主義

さて、欧州評議会もEUも、共にヨーロッパのすべての子どもが自分の母語の他に二つの言語を学ぶという1＋2言語政策を掲げています。ヨーロッパのすべての国や地域で、お互いの言語・文化を学ぶことが、平和的共存が可能なヨーロッパを作るための鍵となると考えているからです。

欧州評議会では複言語主義を二つに分けて考えています。それは「能力としての複言語」と「価値としての複言語」です。

3.7.1 能力としての複言語

能力としての複言語主義は以下のように定義されています。

> すべての話者に内在する、単独でないし教育活動によって導かれて2つ以上の言語を用いたり、学んだりする能力　　　（欧州評議会言語政策局 2016, pp.18-19）

例えば、日本語母語話者であるあなたが、英語と中国語を学んで、ある程度の運用能力を身につけたとしましょう。それが独学であれ、学校の授業をとおしてであれ、そうやって実際に使えるようになった力や、また学習能力としてとらえられるものが「能力としての複言語」です。

一般的に、学校教育で行われる外国語教育では、この「能力」の養成が中心となっていると考えてよいでしょう。新学習指導要領でも、資質・能力論に基づいた三つのカテゴリーの内、「知識・技能」と「思考力・判断力・表現力」までがそれに相当すると考えられます。

3.7.2 価値としての複言語

他方、「価値としての複言語主義」は次のようにとらえられています。

> （複言語主義は）言語に対する寛容性を養い、その多様性を積極的に容認する基礎となる。複言語の話者が自らのその能力を意識することは、自分自身あるいは他者が使用する言語変種がそれぞれ同等の価値を持つことへの同意に結びつ

いくといく。（欧州評議会言語政策局 2016, p.19）

ここで重要なのは、複数の言語を学ぶことによって「寛容性を養うこと」、そして「多様性を積極的に容認するようになる」ということです。私たちの社会に引きつけて考えれば、それは新たに日本社会に加わる人たちに対して、その言語や言語変種が自分の言語と同等の価値を持ち、多くの言語と文化がこの社会に存在することを積極的に容認できるようになるということです。翻って考えれば、絶滅の危機に瀕するアイヌ語や琉球諸語を元々持っていたこの日本列島の多様性にも思いをいたし、それらを積極的に認めるということにもつながります。

いずれにしろ、多種多様な言語と文化が共生するということ、外に目を向けるだけでなく、内にも目を向けて、この社会の多様性を積極的に受け入れる心を育てることが、さまざまな言語を学ぶ教育に託されています。

さらに自分自身の外国語学習体験をとおして、日本におけるニューカマーが日本語でどれだけ苦労しているか、日本語で生活し仕事をすることがいかに困難なことか、また日本語学習がどれだけ難しいかということに対する想像力を養うことも重要なことだと考えています。そうした困難は、自分が外国に行って体験するばかりでなく、日本にいても外国語を学ぶ時に直面する体験（これを私はエトランジェ＝異人体験と名付けます）からも想像できることです。日本社会に来る人も、またそれを受け入れる人も、互いにそうしたエトランジェ体験を基盤にして、共存を図ることをしていくべきではないか、また外国語学習の経験によって、それができるようになるのではないかと思います。

このように考えると、外国語教育の重要な役割の一つは、日本社会の中に生きるすべての人びとが平和裏に共存するための力を育てることであることが見えてきます。それは「能力としての複言語」からははみ出すもので、「価値としての複言語」という視点からとらえることで、初めて明瞭にその姿を現すものになると言えるでしょう。新学習指導要領の3観点では、「学びに向かう力・人間性」（どのように社会・世界と関わり、よりよい人生を送るか）と関係するところでしょう。

価値としての複言語主義の眼目は、すでに述べたように「言語に対する寛容性を養い、その多様性を積極的に容認する基礎となる」ことですから、まず複数の言語に触れるという機会を作る必要があるでしょう。

もちろん、普段の生活でも、看板などに複数の言語が書かれているのを目にしますし、またコンビニエンスストアや飲食店でも外国人が働いていて、その人たちの母語を耳にすることが増えました。また、注意深く観察すれば、かれらの日本語も母語によってそれぞれ異なる特徴を持つということもわかります。

しかし、一般的にはそうしたことは見過ごされがちです。そこで、一般的な「～語」という、いわゆる語学科目以外に、言語の多様性そのものをテーマとした授業[*23]例もあります。

ここでは、筆者が2021年度に大学1・2年生向けの演習科目である「自由研究セミナー[*24]」で行ったことを紹介します。

このゼミナールは週1回通年で行われました。コロナ禍のために、すべてをZoomによるリアルタイムのオンライン授業としました。参加者は経済学部と法学部の1・2年生5名という少人数でした。学生の第二外国語は、偶然ですが全員がフランス語でした。フランス語の他、複数の言語を学んでいるという学生も2名いました。

授業の目的は、「これまで学んで来た英語を改めて知るために英語史を学び、それと現在学習している第二外国語との関係を知り、英語も第二外国語も共に理解を深めよう」でしたが、隠れた意図としては、第二外国語以外にも多くのヨーロッパ言語に触れ、その多様性を認識し、インドヨーロッパ語の視点から世界を見るとどう見えるかを実体験してもらいたいということもありました。もちろん、その際に言語を優劣の視点で見るのではなく、フラットな視点で見ることができるように配慮しました。

同時に、移民の流入により日本が近年になって多言語・多文化化しているばかりでなく、アイヌ語や琉球諸語も含めて、日本にも元々複数の言語が使われてきたということも意識させることも考えました。

授業の流れは以下のとおりです。

***23** こうした実践例の一つとして、山口大学での山本冴里（2017）があります。

***24** 授業については、学生自身が2022年3月13日に開催された、日本外国語教育推進機構（JACTFL）第10回記念シンポジウム「外国語教育の未来を拓く：持続可能な未来を創るための外国語教育」で発表しました。

春学期

1. 言語と方言、日本における多言語状況
2. 世界の絶滅の危機に瀕する言語
3. 英語史輪読（渡部昇一（2007）『講談・英語の歴史』、堀田隆一（2016）『英語の「なぜ？」に答えるはじめての英語史』）

夏休み

清野智昭（2014）『ドイツ語のしくみ』講読。

秋学期

Gaston Dorren（2015）*Lingo: Around Europe in Sixty Languages*を読み、この中から順に一人3～4言語を紹介する。

学生が扱った言語を発表順に紹介すると、現代ギリシャ語、リトアニア語、アイスランド語、フリジア語、ロマンシュ語、エスペラント語、スコットランド語、ロシア語、フランス語、ハンガリー語、イタリア語、ウクライナ語、アイルランド語、バスク語、フェロー語、オランダ語の16言語です。

その他、筆者が学校調査を行ってきた地域の言語の内、フランスのアルザス語とイタリアのラディン語についても、現地の歴史・政治状況と共に授業で紹介しています。

以下は、学生の振り返りです。

1. 英語という最も身近な言語の歴史を学び、意外に英語を知らなかったことがわかった。
2. ドイツ語の入門書を読み、英語史からドイツ語という順番で学んで、理解が深まった。
3. 複数の言語に触れることにより、英語は数ある言語の一つに過ぎないということがわかり、英語至上主義からの脱却ができた。言語を俯瞰的に見られるようになった。

4. 母語で学問ができるということがいかに貴重であるかという認識が得られた。母語であっても、学問ができるようになるには、長い年月の教育が必要であることがわかった。
5. 言語は共時的観点からだけでなく、通時的観点からも学ぶ必要があることがわかった。

最後に、参加者がまとめた「提議」を引用します。*25

1. 「第二外国語」の授業を高等学校から必修化する。
2. 高校生の段階で英語で授業を行い、「英語を使う」という感覚を得させる。
3. 世界にはどれくらい多くの言語があるのかを知る機会を与え、それを言語・文化の自発的な学習を促すきっかけとする。

3.8 複言語主義を取り入れた授業

生徒・学生の複言語能力を高める教育を実現するためには二つの方向が考えられます。一つは複数の言語を同時に扱い、それらを比較することによって、その異同に気づくことを狙う活動があります。同時に、その活動で一つの言語の中にある法則性に気づくということも考えられます。

もう一つの方法は、一つの言語を学びながら、その言語と親縁関係にある言語にも触れるというやり方です。言わば「芋づる式」に言語をたどりながら、言語間の類似性と相違に気づくという方法です。*26

＊25 学生のスライドを元に、筆者が若干の変更を加えました。

＊26 さらに、山本（2017, p.89）の例に見られるように、言語学習そのものをテーマ化した授業を行うことも考えられます。
山口大学国際総合科学部「言語学習の理論と実践Ⅰ」
1週前半〜2週第一部：言語学習／教育／習得に賭けられているものとは？
3〜4週前半第二部：言語多様性の促進と管理
4週後半〜7週第三部：自律的な言語習得のための方略

3.8.1 同時にいくつもの言語を比較する

例1：月の名前

複数の言語を同時に提示して、それぞれの言語内の法則性と言語間の類似性に気づかせる教材の例として、奈良教育大学の吉村雅仁氏が作成した教材「月の名前」を見てみましょう。

	日本語	韓国語	中国語	ベトナム語	フィリピノ語	スペイン語	ポルトガル語	タイ語
1月	イチガツ	イルウォル	イーユエ	タンモッ	エネーロ	エネーロ	ジャネイロ	モッカラーコム
2月	ニガツ	イウォル	アーユエ	(　　　)	ペブレーロ	フェブレーロ	フェヴェレイロ	クムパーパン
3月	サンガツ	サムウォル	サンユエ	タンバー	マルソ	マルソ	マルソ	ミーナーコム
4月	シガツ	サーウォル	スーユエ	タントゥー	アブリール	アブリール	アブリウ	メーサーヨン
5月	ゴガツ	オーウォル	ウーユエ	タンナム	マーヨ	マーヨ	マイオ	プッサパーコム
6月	ロクガツ	ユーウォル	リョウユエ	タンサウ	フーニオ	フーニオ	ジューニョ	ミトゥナーヨン
7月	シチガツ	チルウォル	チーユエ	タンバーイ	フーリオ	フーリオ	(　　　)	ガラッガダーコム
8月	ハチガツ	パロル	バーユエ	タンタム	アゴースト	アゴースト	アゴースト	スィンハーコム
9月	クガツ	クーウォル	ジョウユエ	タンチン	セテェーンブレ	セプティエンブレ	セテェンブロ	ガンヤーヨン
10月	ジュウガツ	シウォル	シーユエ	(　　　)	オクトゥーブレ	(　　　)	オトゥーブロ	トゥラーコム
11月	ジュウイチガツ	シビロル	(　　　)	タンムォイモッ	ノビエンブレ	ノビエンブレ	(　　　)	プルッサチカーヨン
12月	ジュウニガツ	シビウォル	シーアーユエ	タンムォイハイ	ディシェーンブレ	ディスエンブレ	デゼンブロ	タンワーコム

月の名前

これは、子ども用に作られたもので、月の名前はすべてカタカナで書かれています。実際にこれを使うと子どもたちは自分たちで法則性を見つけ、空欄を埋めることができました。私は吉村氏のワークショップでこの課題に取り組みましたが、大人でも十分に言語に対する関心を掻き立てられるものだと実感しました。

さて、この作業の起点は日本語になりますが、日本語ではイチ、二、サン、シと数字が並びます。それにそれぞれガツが付くことによって、月の名前になっています。これを応用すると、コリア語（表中は韓国語）ではイル、イ、サム、サが、中国語ではイー、アー、サン、スーが一、二、三、四に相当し、またウォルとユエが「月」に相当することがわかります。さらに、中国語のシーユエ、シーアーユエを見ると、シーの部分が共通し、アーが二月にあったことから、シーが十であることが推測できます。これと一月を合わせると、十一がシーイーユエであることがわかります。

子どもの発達に合わせて、コリア語と日本語の数詞は月については、漢数詞を使っているということに言及し、それぞれの言語における漢語借用語の実態を調べる学習に発展させることもできると思います。

ベトナム語も基本的に同じやり方で空欄を埋めることができますが、タンが前にあって、すべての月に共通する点に着目すると、タンが月を表し、その後ろにある部分が数字を表すことが見て取れます。

スペイン語とポルトガル語については、その類似点が際立っているので、同語族同語派の兄弟言語の類似性を容易に発見できる比較ができます。それに対し、ヨーロッパから遠い東南アジアの言語であるフィリピノ語の月の名前がなぜ前二者と似ているのかという問いを立てることによって、欧米によるアジアの植民地化という非常に重要な歴史学習の項目とつなげることができます。これは、言語学習が同時に文化学習であることを示しています。

タイ語については、ご自分で観察してください。非常に面白い法則性が隠れています。

このように、この教材は小学生を念頭に置いて作成されたものであるにもかかわらず、大人にも多くの発見をもたらすものとなっていて、すべての年齢層で使えるものです。これを含め、言語への気づきをもたらす教材が、早稲田大学の山西優二氏を代表とする研究グループにより開発されて、「多言語・多文化教材研究」というサイトで公開されています。

例2：多言語演習

大学では、ある一定の期間に複数の言語を学ぶという試みも行われています。岩居弘樹氏のグループが大阪大学で行っている「多言語演習」がその一例です。岩居他(2017, pp.71-72)によると、そのあらましは以下のとおりです。

> 多言語演習1では1セメスター15回の授業でトルコ語、ベトナム語、インドネシア語を学習する。学習者は3グループに分かれ、それぞれの言語を母語とする留学生に手伝ってもらいながら学習を進める。ひとつの教室で3言語の学習が同時に行われ、各言語を5週ずつ順に学習する。

つまり、学生は1学期15回の授業で3言語を学びます。一般的に大学で学習されているヨーロッパ語ではない言語を、留学生の指導により音声を中心として学習することは、言語学習の新たな可能性を体験できる良い機会です。私もこの授業の模擬授業を体験しました。留学生が発話した文を口頭でリピートしながら覚えなくてはならないのは、非常に緊張を強いられるものでしたが、現場感が強く、楽しいものでした。

岩居氏は、こうした授業を総合大学だけでなく、医療系の大学でも行っています。（岩居 2020, pp.106-116）

3.8.2 一つの言語を学びながら他の言語に触れる

芋づる式学習法としては、Aという言語を学ぶ際に、常に、もしくは時々同語族同語派に属するBを参照して学ぶということが考えられます。例えば、英語を学ぶ際に、未習のドイツ語やオランダ語の例を参照することによって、英語に見られる言語現象を、英語に特殊な現象と見るのではなく、むしろ西ゲルマン語としては一般的なものだという、俯瞰的なとらえ方ができるようになります。

例1：名詞の複数形

英語では、単数形に-sもしくは-esがつくと複数形になると教わります。もちろんこれは古英語の時代からある複数形の作り方で、多くのケースに該当します。しかし、ox（雄牛）に対するoxenやtooth（歯）に対するteethのような複数形もあります。child（子）に対するchildrenもあります。こうした複数形は、初歩の英語教育では例外として個別に覚えるようにという指導がされますが、-enで終わる複数形や母音が変わる複数形が必ずしも稀ではないことに学習者も次第に気づくことでしょう。

こうした複数形の作り方は、個別の言語である英語という枠組みを少し拡げて、西ゲルマン語という視点で見ると、決して例外的なものではなく、むしろ規則的な複数形の作り方の一つであるということがわかります。ドイツ語では、Frau（女の人）Frauenは複数形が-enで終わる例で、一般的な複数形の作り方の一つです。Zahn（歯）Zähneは母音a（アー）がä（エー）に変化するタイプで、toothのooがeeに変化するのと同じ変音現象です。また、Kind（子）は複数形になるとKinderとなり、複数形が-(e)r語尾を持つタイプですが、これはchildrenのrと同じです。childrenはさらに-enも付き、二つの複数語尾を付けていることがわかります。

英語を教える時に、oxenやteethのような「特殊な複数形」というものも、少し引いた目で見ると実は必ずしも特殊ではない、ということを知らせることも、言語を俯瞰的に見る目を養うという点で重要です。こうした比較は、学習者の興味を惹いて、言語を見る目を開くことにつながります。

さらに、英語の後に同語族同語派の、いわば兄弟に当たる言語のドイツ語を学ぶと、このような現象に触れます。その際、ただ単にドイツ語の複数形の作り方には5種類（-e, -en, -er, -s, 無語尾）あるという教え方をするのではなく、そうした現象の多くは、すでに英語でも触れていたということを確認することによって、ドイツ語の学びが英語の文法事項をより立体的に、より深く学ぶことにつながります。ドイツ語を学びつつ、英語も学び直すという経験によって、少なくとも英語とドイツ語は互いに関係づけられ、一体となった言語能力として学習者の中に育てられていくことでしょう。

このような経験は、メタ言語的な気づきという、複言語能力を養成する上で不可欠のものを得るために重要なことだと考えられます。

例2：初心者のドイツ語クラス

筆者の初心者向け授業は、基本的にコミュニカティブ・アプローチにより、授業言語もドイツ語を基本としていますが、時々挿入する言語や文化に対する気づきを促すための課題は日本語で行っています。そのなかでも、英語とドイツ語の音韻の対応関係は定番のアイテムです。

英 water：独 Wasser　→　英 /t/　：独 /s/
英 bath　：独 Bad　　→　英 /θ/　：独 /t/

をまず示し、ドイツ語のdasが英語の何と対応するかを問います。dはth、sはtと対応することから、英語のthatが導き出されます。

またこの作業によって、ドイツ語の定冠詞derも、男性主格のマーカーであるrを省くとdeが残り、これが英語のtheに対応することにも気づきます。さらに、この段階でdeは現在のオランダ語で使われる二つの定冠詞の一つで、通性（男性と女性が一つになったもの）の名詞に対して使われることに言及します。

こうしたことは、いわゆる「雑談」の範囲で行っています。既習の英語と新たに学ぶドイツ語が共に西ゲルマン語派の言語であり、一定の規則性を以て対応している、またそれはオランダ語を介するとさらによくわかるということを体験して、英語とドイツ語の学習を少し引いた「西ゲルマン語学習」という観点から行なわせたいという意図があります。そのことによって、両言語の学習が立体的になり、深みを持つようになると良いと考えます。

例3：現在完了形（ロマンス系の言語との比較）

ロマンス系の言語を含めて比較すると非常に興味深い項目として現在完了形があります。フランス語では複合過去と言って、厳密に言えば細かい差異がありますが、ここでは大まかにhaveもしくはbeに相当する助動詞と過去分詞を組み合わせて、過去の事柄を表す表現方法とします。

次のような例文を出して、現在完了形は広義の「過去」を表すのに、「なぜI have... / Ich habe... なの？」という問いを発します。つまり、haveという助動詞がなぜ現在形なのかを問います。

英　I have written a letter.
独　Ich habe einen Brief geschrieben.
仏　J'ai écrit une lettre.

次に過去分詞が表すものは何なのかと問います。そして、過去分詞は完了形以外にも受動態でも使われるが、それはどうしてだろうという問いに発展します。

このような問いを発することによって、他動詞の過去分詞が「〜された状態にある」という意味であることに気づかせます。そうすると、受動態にも過去分詞が使われる理由も理解できるのです。

朝尾（2022）は、英語教育でも現在完了形を扱う時に、have＋過去分詞を当たり前の公式として扱うのではなく、古い英語の形である

I have a letter written.（私には手紙は書かれた状態にある）

から考え始めることをしても良いのではないかと提言しています。この例では、「私は（現在）ある手紙を書かれたものとして持っている。」という原義に遡って考えると、現在完了にhaveを使う理由もわかりますし、上述のように受動態に過去分詞

が使われる理由も納得できるのです。

また、自動詞の過去分詞は、ある動作（移動、状態変化など）が終わっているということを意味します。その状態が現在あるのですから、be / sein / être が使われるのも腑に落ちるでしょう。この例として、アメリカ大リーグの野球中継を見ていて、大谷選手がホームランを打った時にアナウンサーが発するIt's gone.という文を出します。このit'sはit has / it isの両方の可能性があることも言及します。そうすると、「ボールは飛んで行ってしまって、もうここにはない」という状態であることがわかります（この点で、面白いと思ったのは、ある中国語の教材でThe sun is gone.が「太阳不见了」と訳してあったことです。なるほど、「太陽は見えなくなっちゃった」という意味かと、膝を打ったことです）。

私の経験では、こうした作業に対して学生は興味を示し、「振り返り」でもおおむね好評です。2021年度末の学生の「振り返り」を紹介します。

> （…）ドイツ語特有の難しい文法をただ文法として習うのではなく、実際の生きた会話や文章の中でその意味・特徴を見つけ気づき、それを構成する単語の本質から真に文法構造を理解するなど（現在完了形など）、本来あるべき／勧められる学び方かもしれませんが、なかなか今までできなかった学び方までも学びながら、ドイツ語を学ぶことができました。

3.9 第二外国語は初習か？

さて、上に見たように、複言語能力を身につける方法の一つとして、一つの外国語を学んだ後に、二つ目、三つ目… n個目の言語を順次学んでいくという方法があります。一般的に、学校教育ではこのような方法が取られます。

では、ほとんどの場合大学になってから学ぶ第二外国語と英語はまったく別物でしょうか？ 第二外国語は「初習外国語」と呼ばれることもあります。確かに、大学に入ってゼロから始める言語ですから、「初習」というのもあながち間違ってはいないでしょう。しかし、よく考えると、英語を学び始めた時には既習の言語は母語である日本語だけであったのに対して、第二外国語を学び始める時には、すでに第一外国語である英語を学んでいます。すなわち、外国語学習の経験は多かれ少なかれ、皆持っているのです。

では、英語学習で身につけたことは何でしょうか？ もちろん、読み・書き・聞き・話すというスキルを身につけたには違いありませんが、そのような力を身につけるための学習方法や、そもそも英語という言語はどのような成り立ちで、どのような性格を持った言語かという言語に対する見方も（意識する・しないにかかわらずある程度）学んだのではないでしょうか。

ここで、その「言語の学び方」と「言語の見方」のそれぞれについて考えてみましょう。

3.9.1 英語による言語学習スキル・ストラテジーの獲得

まず「言語の学び方」について発音の学び方を例にとってみます。ある単語の発音がわからない時、授業中であれば、教員に確認する、一人で勉強している時なら、電子辞書、オンライン辞書、Google翻訳などを利用して発音を聞いたり、ポケトーク*27やスマートフォンのアプリ*28を使うこともできます（翻訳アプリや翻訳機は、単語だけではなく文も読み上げるので、とても便利です）*29。

さて、このような翻訳アプリや翻訳機は英語だけでなく、何十もの言語に対応しています。つまり、英語でこうしたものを使うスキルを身につけると、何十もの言語の学習に応用が可能なのです。*30

単語学習の場合、単語帳や単語カードを作り、繰り返し見ることによって覚えるという伝統的な方法もありますが、今日ではQuizletのような非常に優れたオンラインアプリがありますので使わない手はないでしょう。もちろん、自分で単語帳を作るように一つ一つ入力していってもよいでしょう。また、教科書によっては、そ

---

*27 ソースネクスト社製のポータブル翻訳機。現時点で70言語に対応しています。音声入力をすることも可能です。

*28 代表的なものとして、情報通信研究機構のVoiceTraがあります。

*29 Forvoというサイト（https://ja.forvo.com/）では、同じ単語を複数の母語話者（と考えられる人）が発音した録音を聞くことができ、発音のバリエーションに触れることができます。また、希望する単語の発音をリクエストすることもできます。

*30 発音記号（IPA）を学ぶという手もありますが、それには適切な指導者とある程度の学習時間が必要です。もちろん、発音記号は汎用性があるので、他言語の学習にも応用可能です。

れに準拠した単語セットや、住居、食物、色といったジャンル別に作られたものなどが多数無料でアップロードされているので、それを使うこともできます。

このようなオンラインアプリのすばらしいところは、ただ単に単語カードのようなフリップカードができるだけでなく、単語の音を聞くことができることです。つまり、音を聞きながらその意味を言ってみるとか、それを綴ってみるというような練習もできるのです。また、自動的にさまざまな種類の練習問題も作ってくれるので、自習に非常に適しています。

ここでは、単語学習を例に挙げて学習方法を見てみましたが、自分の発音がどの程度通じるのかをテストすることも、Google翻訳の音声認識エンジンを使ってできます。また、読んだり書いたりする力をつけるためのサイトやオンラインアプリもいろいろ揃っています。

英語学習でこうしたものを使って勉強するスキルを身につけると、それは二つ目以降の言語を学ぶ時に使えるのです。このように、英語学習でしっかりと学習方法を身につけていれば、他の言語を学ぶ時にもその経験と方法は大いに生きるということがわかるでしょう。

「言語の学び方」という点で、英語を学ぶ際に身につけたさまざまな技は他の言語の学習にも応用可能で、この点で英語とその他の言語の学習は別々のものではない、互いに切れてはいないということがわかります。つまり、英語学習は他の言語学習の基礎となるのです。

3.9.2 英語による言語意識の向上

「言語の見方」もしくは「言語意識」について考えてみましょう。ここで重要なのは、例えば英語という言語はいったいどのような言語なのだろう、日本語とはどのように違うのか、また英語以外のヨーロッパ言語、例えばフランス語やドイツ語とどのように類似し、またどのように異なっているのだろうかと問いを立てることです。

英語を習い始めた時から多くの人が感じる「不思議さ」は、英語を学ぶモチベーションにもなりますが、一方で「不思議さ」が積み重なるとだんだんと違和感が大きくなり、勉強したくなくなるという負の側面も持っています。ここにいくつか不思議な点を書き出してみましょう。

・なんでローマ字と同じ文字で書かれているのに、読み方が違うのだろう？ 一体bookはどう読んだら良いのだろう？「ボコ」だろうか？
・なんでnameと書いて、「ナメ」と読まないで「ネイム」と読むのだろう？
・なんで「ぼくは本を買う」ではなく「ぼくは買う本を」という順番なんだろう？
・なんでfootの複数形はfootsではなくfeetなんだろう？ そもそも日本語では「足」はいくつあっても「足」なのに、なんで数によって別の言い方をするのだろう？
・なんで「彼は私を愛している。」He loves me. は、He love me. やHe me love. ではないのだろう？

学習が進むにつれて、疑問が解消するものもあるでしょうし、また疑問だったことすら忘れてしまうものもあるでしょう。しかし、ここに挙げた疑問点は、ヨーロッパ語の特徴を把握するのにつながる疑問です。学習者が自分で解決するにしろ、また教師の補助を得ながら納得のいく答えを導き出すにしろ、その経験は非常に貴重なものです。

音節文字の「かな」とは異なり、アルファベットは子音と母音に分かれ、それぞれの文字が一つないしいくつかの音価を持つこと、その組み合わせによって単語ができ、また文ができることを学びます。

日本語ではあまり問題にならない名詞の単数・複数の別も、ヨーロッパの言語の大部分を占めるインドヨーロッパ語では明瞭に区別すること、その区別にはいくつかの方法があることなどに気づくでしょう。

また、言語によって単語の並びの規則が異なることも、英語と日本語を対比させることによって学ぶことの一つです。

まず、こうした気づきを得るのが外国語学習の第一歩であり、それは英語学習によって始まります。そこを出発点にすると、例えばフランス語やドイツ語を学ぶ時に、発音とつづりには一定の規則があることがわかりますし、これらの言語にもやはり「複数」という概念があること、複数形を作るには、それぞれに規則があることなどに気がつきます。また、主語と他動詞と目的語の順番も、それぞれの言語に規則性があることも見えてきます。

He loves me. のlovesの語尾-sは、ドイツ語のEr liebt mich. と比較すると、liebtの-tと対応することがわかりますが、それはヨーロッパ語としては決して特殊な語尾ではなく、動詞の人称変化という一般的な現象に分類されるものの一つであることが理解できます。逆に言えば、ドイツ語のich liebe, du liebst, er liebt, wir lieben, ihr liebt, sie liebenのように、ヨーロッパ語の動詞は人称によって変化するのが普通で、そのことによってその文の主語の人称を明らかにしているということもわかってきます。英語で3人称単数の-s以外は変化しないということのほうが、ヨーロッパ語としてはむしろ例外的であることも見えてきます。

名詞の複数形については先にも言及しましたが、他の言語と比較することによって、それまで「例外」として学んで来たことが、決して例外ではなく、大きな枠組みの中では変化規則の一つに則っているということもわかります。foot > feetに対応するドイツ語を例に取るとFuß > Füßeと、単数と複数でuとüの対立があるということがわかります。つまり、母音の音が変わることによって、単数と複数の区別をしているということに思いがいたるでしょう。

このように、まず英語でさまざまな疑問を持ち、それを二つ目、三つ目の言語の学習まで持ち続けると、さまざまなことを発見できます。つまり、「言語の見方」や「言語意識」が養われるのです。これらの例では、インドヨーロッパ語の一部であるヨーロッパ言語の姿がそこから立ち上がってきます。個別の言語を見つつ、ヨーロッパの諸語を俯瞰的に見て、その全体像に触れることは、ヨーロッパ世界のものの考え方を知るためにも重要です。英語を出発点として、英語以外の言語の学習とうまくつながる教育が重要であると考えられます。英語以外の言語学習は、英語という巨人の肩に乗って英語と共に進むことによって、遙か遠くを見渡すことができるのです。

3.10 メタ言語能力

ここでメタ言語能力について考えてみましょう。メタ言語能力は秋田・藤江によれば、「メタ認知の一種で、言語についてのメタ認知である。つまり、メタ言語能力とは自身の言語産出や言語使用についてモニタリングすること、モニタリング結果に基づいて言語産出や使用の過程を調整したり制御したりすることができる力」とされています。大津は「言語知識を対象として、高次から観察したり、分析したりする能力」としています。つまり、学習者が自分の使う言語を観察・分析して、自分の言語行為を調整したりすることのできる能力ということになるでしょう。単に与えられた文法規則などを覚えるのではなく、言語現象を観察して、むしろ自分で文法規則などを発見していく力と考えられます。阿部は、メタ言語能力は「仕組みや規則を自ら発見して発展させていく作業」ができる能力であるとしています。

すでに見てきたように、複数の言語を同時に学んだり、また芋づる式に学んだりする時には、学習者はそれらの言語を比較し、異同を強く意識し、単一の言語のみを学んでいる時よりも「引いた目」で対象を見て分析し、そこにある共通の法則や、反対にそれぞれの言語に特有の現象を発見することになります。

また、そうしたことに気づくことによって、学習者はそれぞれの言語でより適切に発話するには（書くには）どうしたらよいのかを自ら考え、表出活動を行おうとするでしょう。こうした一連の行為は、一個の独立した人間として言語活動を行うことができるようになるためには、極めて重要なプロセスであると考えられます。

このように、複言語主義に基づく学習活動は、メタ言語能力を伸ばすということと密接に結びついています。複数の言語を互いに関連したものとしてとらえ、自らの内に複言語能力を養成しようとすることは、取りも直さずメタ言語能力をも養うということであり、自律した学習者としてメタ言語能力を獲得した学習者は、生涯にわたって、自らの力でさまざまな言語を身につけていくことのできる自律的言語学習者であり、このような学習者を育てることこそが言語教育の目的と考えられます。

実践　メタ言語能力を高める授業

3.11 メタ言語能力を高める授業

ここまでの 理論 の部でも、複言語主義によってメタ言語能力を高める授業の具体例をいくつか示しました。ここでは、同一言語内の言語変種と文化の多様性ということに焦点を当てた授業例を紹介しましょう。

3.11.1 スペイン語世界の多様性

授業案*31

教材　¿Español? ¡Por supuesto! *32

1.　本時の指導計画

2.1 本時のねらい

1) スペイン語圏の国の名前をスペイン語で言えるようになる。

2) スペイン語圏の通貨単位や記号、また物価を知り、比較する。

3) 様々な国の単位に応用して、値段を尋ねたり答えたりすることができるようになる。

2.2 本時の教材　プリントとアクティビティシート PPT (Por supuesto_Unidad 1（お金のこと))

2.3 本時の指導過程

---

*31 この授業案は、東京都立王子総合高等学校の高畠理恵氏に原案を提供してもらいました。ここに記して感謝申し上げます。

*32 edlsa. https://www.edelsa.es/espanolporsupuesto/int/index.html

	時間	指導内容	生徒の活動	留意点
導入	5分	・出席の確認(目視) ・国旗の絵カードを見せて、国の名前を発音する。	・教師に続いてリピートする。	・今日、学習する国をスペイン語で言えるようにする。
展開①	7分	・円以外に使ったことがあるお金はあるか質問をする。 ・PPTを使い国旗、国名、貨幣、通貨単位、記号を紹介する。(スペイン、アメリカ、日本、メキシコ、ペルー)	・質問に反応する。 ・質問に答えながら、話しを聞く。 ・ワークシートにメモをとる。 ・覚えていることを発話する。	・どこの国の通貨なのか簡単に確認をする。 ・国名や数字が答えられるか確認をする。 ・centavo, céntimoは扱わない。 ・数える金額が1の時は単数形、2以上になる時は複数形を使う旨をyen, euroで復習し、他の通貨にも応用させる。
	5分	・Dólar, Peso mexicano, Solを紹介する。	・メモをとる。	
		・リスニング問題:教員が発音する金額を聞き取る。聞こえた通貨と国名と結びつける。	・問題を解く	・教員ははっきりと発音する。
	5分	・答え合わせを行う。指名する。	・指名された生徒は答える。	
展開②	10分	・PPTを使い国旗、国名、貨幣、通貨単位、記号を紹介する。(今回の発表で取り扱う国:コスタリカ、キューバ、コロンビア、アルゼンチン)	・質問に答えながら話を聞く。 ・ワークシートにメモをとる。	・スペイン語で国名が発音できているか確認をする。
		・世界の物価を紹介しているサイトの紹介をする。		・時間をかけずにサイトの紹介をする。
		・レストランで提供するコーラの価格を参考に各国の通貨表示と日本円でそれがいくらなのかスペイン語で言う。	・数字をスペイン語で発音する。	
練習	14分	・いくらか聞く表現:¿Cuánto cuesta? を使って練習する。		・主語が複数になるとき¿Cuánto cuestan xx ? に触れない。
		・日本のレストランでの価格、価格136円は本当か?インターネットのデータについて考える。	・ペアで考える。 ・覚えている生徒は発話する。	・時間をかけずに、ネットのデータを信用することは危険だと伝える。

		・xxジュースの言い方について復習する。 ・フルーツの名前を確認する。 ・deを使ってジュースの名前を言う練習をする。 ・値段を聞く、お会計をするときの表現をまとめる。 ・La cuenta, por favor. ¿Cuánto cuesta? ・いくつかのものをまとめていくらか聞くときの表現：¿Cuánto es? ・値段を答えるとき、どのように言うか確認する。（復習事項）Son xx euros / yenes / soles. ・ペアで練習をするように指示をする。	・覚えている生徒は発話する。 ・発音を繰り返す。 ・説明を聞き、必要であればメモをとる。 ・練習を行う。	・zumoとjugoの違いについて、地域差と意味的な側面から紹介する。 ・ペアで練習を行う。 ・机間巡視を行う。
まとめ	4分	・本日のまとめ ・次回の発表について説明をする。 ・宿題：メニュー表ができていないグループは作成して、来週までに必ず持ってくること。 ・あいさつ	・メモをとる。	・質問がないかの確認。 ・発表方式は来週伝える。これまで習ってきた表現を使うので復習するように伝える。

スペイン語の指導では、留学体験も含め、教員の受けた教育によって、提示する例がスペイン、あるいは中南米の特定の国になることがよくあります。しかし、この例では、スペイン、メキシコ、ペルー、コスタリカ、キューバ、コロンビア、アルゼンチンといった多くのスペイン語を公用語とする国が扱われるだけでなく、国旗、国名、貨幣、通貨単位、記号の学習の時には、日本やアメリカも引き合いに出されます。このことによって、スペイン語圏内の言語変種、文化差が、東アジアや北米も視野に入れた大きな枠組みの中で扱われることになります。

物価の比較では、学習者に馴染みの深い飲み物であるコーラの価格が取り上げられ、教員によって紹介されるインターネットのサイトで自ら調べます。その際、「日本のレストランでの価格、価格136円は本当か？ インターネットのデータについて考える」という活動では、調べ学習そのものについて考えるというメタ認知活動が行われます。

身近な言語行為としては、値段を尋ねる、会計をするということが行われ、リアリティーのある活動になっています。また、ジュースについては「zumoとjugoの違い[*33]について、地域差と意味的な側面から紹介」が行われ、似た単語に関して意味論的なメタ認知活動が行われていることもわかります。

全体として、身近な題材も扱いながらも、同一言語内の変種差や他の言語・文化圏との比較、インターネットのデータの扱いなど、メタ言語、メタ認知活動も取り入れられた指導案です。

次は、授業で実際に使用するワークシートです。

***33** スペインでは、果汁はzumo、肉汁などの果汁以外のものはjugo、南米ではどちらもjugoで表します。

Por supuesto Unidad 1 お金のこと

♪スペインでお買い物①♪

Nombre: ____________________

1. 数詞

0 cero		
1 uno	11 once	21 veintiuno
2 dos	12 doce	22 veintidós
3 tres	13 trece	23 veintitrés
4 cuatro	14 catorce	24 veinticuatro
5 cinco	15 quince	25 veinticinco
6 seis	16 dieciséis	26 veintiséis
7 siete	17 diecisiete	27 veintisiete
8 ocho	18 dieciocho	28 veintiocho
9 nueve	19 diecinueve	29 veintinueve
10 diez	20 veinte	30 treinta

una botella de agua 水のペットボトル 1 本 un libro 本 1 冊

tres botellas de agua 水のペットボトル 3 本 dos libros y seis revistas 本 2 冊と雑誌 6 冊

1, 21, 31 など 1 で終わる数は，男性名詞の前なら un，女性名詞の前なら una となる

31 treinta y uno	60 sesenta	86 ochenta y seis
40 cuarenta	64 sesenta y cuatro	90 noventa
42 cuarenta y dos	70 setenta	97 noventa y siete
50 cincuenta	75 setenta y cinco	100 cien
53 cincuenta y tres	80 ochenta	

30 以降は，10 の位と 1 の位を接続詞 y でつなぐ

100 はちょうどなら cien だが，10 の位以下に数があると ciento となる

101 ciento uno	400 cuatrocientos	700 setecientos
200 doscientos	500 quinientos	800 ochocientos
300 trescientos	600 seiscientos	900 novecientos

doscientas personas 200 人 quinientos yenes 500 円

200 から 900 は女性名詞の前なら -cientas となる

宇野和美、パウラ・レクリテル（2016）『イデアル〈改訂新版〉』同学社より引用

2. 適切な語を書きましょう。

	国名（スペイン語）	お金の単位	単数形	複数形
スペイン	España			
アメリカ	Estados Unidos			
日本	Japón			
メキシコ	México			
ペルー	Perú			

3. ① 聞こえてくる数字を聞き取りましょう。
② どこの国のお金ですか。［　　］に下から選んで書きましょう。

1） ＿＿＿＿＿＿＿＿＿＿＿＿＿＿＿＿＿＿＿＿ ［　　　　　　］

2） ＿＿＿＿＿＿＿＿＿＿＿＿＿＿＿＿＿＿＿＿ ［　　　　　　］

3） ＿＿＿＿＿＿＿＿＿＿＿＿＿＿＿＿＿＿＿＿ ［　　　　　　］

4） ＿＿＿＿＿＿＿＿＿＿＿＿＿＿＿＿＿＿＿＿ ［　　　　　　］

5） ＿＿＿＿＿＿＿＿＿＿＿＿＿＿＿＿＿＿＿＿ ［　　　　　　］

México　España　Perú　Estados Unidos　Japón

4. スペイン語圏の通貨について

<table>
<tr><th></th><th>国名（スペイン語）</th><th>お金の単位</th><th>単数形</th><th>複数形</th></tr>
<tr><td>コスタリカ</td><td></td><td></td><td></td><td></td></tr>
<tr><td>コロンビア</td><td></td><td></td><td></td><td></td></tr>
<tr><td>アルゼンチン</td><td></td><td></td><td colspan="2"></td></tr>
<tr><td>キューバ</td><td></td><td>CUC</td><td colspan="2">CUP</td></tr>
</table>

◆2～3品注文してみましょう。そして、¿Cuánto es?を使って値段を聞きましょう。

España

Zumo de naranja	3,00 €	Café	1,50 €	Cerveza	3,00 €
Zumo de manzana	3,00 €	Café con leche	2,00 €	Vino	3,50 €
Coca cola	2,00 €	Té	1,50 €	Sangría	4,50 €

Colombia

Jugo de lulo	1,500$	Jugo de mango	1,500$	Café	1,000$
Jugo de maracuyá	1,500$	Coca cola	2,500$	Café con leche	1,500$
Jugo de naranja	1,500$	Postobón	2,000$	Cerveza	3,900$

México

Zumo de naranja	20,00$	Coca cola	15,15$	Café con leche	40,00$
Jugo de mango	20,00$	Fanta	20,00$	Té	40,00$
Limonada	20,00$	Café	35,50$	Cerveza	30,00$

Costa Rica

Jugo de naranja	900₡	Coca cola	910₡	Café	1,200₡
Jumo de guayaba	1000₡	Pepsi	900₡	Café con leche	1,600₡
Jumo de mango	1000₡	Espreso	800₡	Cerveza	15,00₡

Perú

Agua	S/ 1,90	Jugo de mango	S/ 2,60	Café	S/ 7,00
Jugo de piña	S/ 2,60	Coca cola	S/ 2,60	Café con leche	S/ 8,40
Jugo de naranja	S/ 2,60	Inca Kola	S/ 2,60	Cerveza	S/ 7,00

Argentina

Jugo de naranja	100,00$	Coca Cola	70,00$	Café	90,00$
Jugo de manzana	100,00$	Coca Cola Zero	75,00$	Café con leche	116,00$
Jugo de mango	100,00$	Mate	90,00$	Cerveza	122,00$

◆キーワード◆

España（意味：スペイン）

España

Japón（意味：日本）

Japón

euro / euros （意味：ユーロ）

euro　euros

dólar / dólares（意味：アメリカドル）

dólar　dólares

yen / yenes（意味：円）

yen　yenes

¿Cuánto cuesta un / una xxx ?（意味：xxxはくらですか？）

¿Cuánto cuesta una　xx ?

¿Cuánto es ?（意味：全部でいくらですか？）

¿Cuánto　es ?

◆ 今日、知ったことはなんですか？ メモしておきましょう。◆

4

アフターコロナの外国語授業

吉川龍生

2020年春先からの新型コロナウイルスの感染拡大により、教育機関はさまざまな形態のオンライン授業の実施を迫られました。自ら望んでの変化ではなく、この迫られた授業形態の変更は、最終的に教育の現場に空前の負荷をかけるにいたりました。コロナ対応が始まった当初、制度上・組織上の問題、あるいは技術的な不具合のほとんどが末端の現場へと先送りされ、乏しいサポートの中で変化を求められた教員は困惑のなか消耗し果て、振り回された学習者は学びの態勢を整える前に疲弊し、学ぶどころか生活する意欲すら大きく削がれるような結果となったのでした。

しかし、コロナ対応が常態化してくると、いわば対面授業の「焼け野原」となった地平から、現場レベルの工夫や挑戦が始まり、試行錯誤の中で新たな可能性が芽生えてきたという実感があるのも事実です。長年コンピュータやICTを利用した教育を研究・実践してきた教員が見事な手つきでオンライン授業の解説をするのを見ても、そこに可能性を見いだすというよりむしろ絶望しか感じられなかったような状態から、多くの教員が強靭にそしてしなやかに先行事例と経験や現状を融合させ、自分なりのオンライン対応策を生みだしてきました。ICTを活用した教育を研究・実践してきた教員の先見性と、新たにICTに対応しながら自分の授業を構築した多くの教員の努力には敬意しかありません。

いずれにしても、全面オンライン化というカタストロフの後に、それまでと違う景色が起ち上がってきたことは確かです。多くの教員がなじみの薄かった機器やソフトの操作にある程度習熟するようになり、LMSやWeb会議システムの有用性が広く認知される状況が現出しています。そこでは、コロナ前とは違う教授法やシステムができあがりつつあり、すでに単純にコロナ前に戻ることはもはや不可能になっていると言ってよいでしょう。

学習者の視点から見ても、単純に以前のような対面形式に戻りたいと考える学習者はもはや多くないのではないでしょうか。筆者自身が2021年度にハイブリッド形式で行ってきた20名ほどの講義科目では、授業の最終回にとった任意のアンケートで、「この授業をもう一度受けるとして、対面かオンラインか、どちらか選ぶとしたらどちらが良いですか？」という問いに13名が回答し、3名がオンライン、6名が対面、4名がどちらでも良いという回答をしました。実際に授業をしていて感じたのは、個々人の置かれた状況・条件などによって、かなり意見が割れるということです。2020年12月にキャンパス内でコロナウイルス感染者が出た直後に行われ

Column **LMS**

Learning Management Systemの略称で、Moodle、WebClass、Google Classroom、manaba、Blackboard、Universal Passport、Canvas、Sakaiなどがあり、システムとしては上述のものを利用してカスタマイズし、その教育機関に固有の名称で運用している場合もあります。いわゆる、学習（学修）支援システムのことです。特に中等教育では、Web会議やチャットが中心のマイクロソフトのTeamsをLMSとして使用しているところもあり、LMSとは何かと考えていくと、定義が難しい面もあります。教育機関によって採用しているシステムがまちまちで、同じシステムでもカスタマイズのされ方が異なっていることもあり、特定の教育機関のLMSでやっていたことを、別の教育機関ではそのまま使えないということも多いのが現状です。自分の所属している教育機関のLMSでは何ができるのかを把握していくしかないと言えるでしょう。LMSでテストや課題の機能を利用する場合、後の処理は省力化しやすいですが、設定にはそれなりの労力が必要で、複数の教育機関で同じ設定で利用したいものがある時は、Google Toolsなどの汎用性の高いものを使っておくような対策も必要になります。

たという広島大学のアンケートでは、オンライン希望者が大多数を占め、「オンライン授業に慣れ、特に不都合を感じない」といったコメントが散見されたとのことですが、その状況でも10%以下ながら対面希望者がいたということとも併せて*33、いったんやり方が決まってしまえばそれに合わせていかざるを得ないという面と、明確な理由でオンラインあるいは対面を希望する学習者が出るという、かなり分散化した傾向があるのではないかということです。諸外国でも、例えばドイツのある中国語教員の報告では、オンライン授業に61.5%が否定的、17.9%が肯定的というようなデータもあり*34、ドイツの場合はネットーワーク環境の面で問題があり対面支持に寄ったということもあるようですが、やはり意見が割れていることがうかがわれます。この状況は決して悪いことではなく、学習者にとって自分の状況に合わ

＊33 森田・榎田ほか（2021, p.25）
＊34 LIN（2022, pp.138-139）

や学習環境の選択肢が増えたと言うこともできます。その意味でも、単に元に戻すという発想ではなく、この機会に教員と学習者双方の選択肢を増やすような取り組みが継続していけばいいのではないでしょうか。

以上は教育一般の話も含みましたが、もう少し外国語教育にフォーカスしても、いま求められているのは懐古でも絶望でもなく、新たに出現した目の前の景色をいかに豊かなものにしていくか、すなわちコロナ前よりもICTを活用しバージョンアップされた外国語教育をどのようにして発展させていくかということです。実際のところ、これまで対面授業の中で培われてきた知見が、デジタル技術との融合でさらに有効に活用できると気づいている教員も多いはずです。迫られて起こった受け身の変化ではありましたが、新たに身につけた技術をより積極的に活用し、旧来蓄積されてきた経験や実績と結びつけ、アフターコロナの時代にふさわしい外国語授業の積み重ねをしていくことが、今こそ求められていると言えます。

そして、アフターコロナの時代にふさわしい外国語教育も、当然のことながら本書ですでに述べてきたような論点と深い関係性を持っています。本章では、これまでの教育実践の中で蓄積されてきた知見に、利用のハードルが高くないオンラインやデジタルの技術を加えることで、積極的にちょっとだけ背伸びして授業改善に取り組みたくなるような方法を考えていきたいと思います。それはつまり、第1章から第3章で扱ったような、コロナ禍以前から考えられてきた大学の外国語授業の質的向上を目指した流れに、コロナ禍以降すでにある程度使い慣れてきたオンラインやデジタルの技術をどう乗せていくか考え、授業実践に採り入れてみようということなのです。

理論　「やらされ」オンライン授業から、前向きな授業改善へ

コロナ禍以前に積み重ねられてきた知見とオンラインやデジタルの技術とを融合してアフターコロナの外国語教育を考えるという時に、どのような方向性で新たな

外国語教育を構築していったらいいのでしょうか。コロナ前の状況にそっくりそのまま後戻りできないことがわかっている以上、必然的にICTをどの程度採り入れて授業を再構築していくかという問題になるとも言えるでしょう。その時に重要なのは、一部の先端的な取り組みを全体の到達目標として設定しないということであろうと思われます。教員・学習者の双方が機器やソフトの操作に高度に習熟し、高性能な機器・ソフトや充実した通信環境を有することを前提とした、いわば「フルスペック型」のモデルは、先端的な研究としての取り組みは必須であり重要ではありますが、現実的な諸条件の下で誰でもがすぐに容易に真似できるものではありません。それぞれが置かれた状況の中で、授業改善のために少しだけ背伸びしたり工夫したりすれば実現可能で、そして何よりその授業システムが持続可能な方法を考えて実践していくことが、広く外国語教育の向上を考える時に必要なのです。コロナ対応の中で思い知らされたのは、「そこそこのスペック」でもできる導入のハードルが高くない方法によってはじめて、多くの教員・学習者にとって実現可能・持続可能なICTを採り入れた授業が可能になるということでもありました。

また、ともすると教育上の意義よりも新しい技術をどう採り入れるかばかりに目が向きがちですが、既存の教授法の完成度を高めるという視点からの発想も欠かすことができないでしょう。すでにあるものをベースにして、これまでもう一歩足りないと思っていたようなところに、ぴったりとオンラインやデジタルの技術がはまるようなことも出てくるわけです。オンライン化を強制されたと「やらされ感」を感じながら消極的に取り組むのではなく、うまく利用して積極的にちょっとだけ背伸びして良い効果を出せれば、前向きな気持ちで授業改善していくこともできるのではないでしょうか。

具体的な実践例の前に、どのような考え方や背景があって取り組みが行われたのかについて説明していきます。

4.1 ラクをする技術

各種デジタル機器やオンラインシステムを利用した授業は、導入初期に各種設定をする必要があり手間がかかるという側面も確かにありますが、初期設定さえしてしまえば無駄を省いたり膨大な作業を短時間にこなしたりすることが可能になるのは周知の事実です。例えば、毎回の小テストをLMSの機能やGoogleフォームを使ったものにすれば、小テスト用紙の残数が少なくなるたびに印刷するといった作業は不要になり、どのみち作成しないといけない模範解答をフォーム上で設定しておけばそれで済み、採点も自動採点でそのまま成績データをデジタルで保存できます。また、講読の授業で各担当者が訳してきたものを共有するような作業も、スプレッドシートを活用すれば簡単に共有でき、複数の担当者を設定してその比較をすることも容易にできます。もちろん、講読ということでは、機械翻訳を活用した方法を組み込むことも可能です。外国語の授業ではありませんが、大人数の講義科目では実施をためらっていた大規模なアンケートやリアクションペーパーの回収などは、オンラインを活用して学習者に期限までに回答させることで授業中に記入・回収の時間を確保する必要もなくなりますし、教員の集計の手間も劇的に削減できるわけです。当然ながら、5名の語学の授業にマークシートを導入したり、問題数が3問だからといって200名の授業で手採点したりするようなことは合理的ではなく、どのような方法を採るかは「損益分岐点」を考えて導入することになるのは言を俟ちません。

上述のようなオンラインやデジタルのツールを適宜使うやり方は、言ってみれば「ラクをする技術」です。それは、教員の都合で教育効果の低下を度外視して「手を抜く」のとはまったく違い、むしろ教育効果を高めながら教員の負担を軽減しようとするものです。「日本人は……」というように一般化するのは好きではありませんが、日本人は「茶道」「弓道」などのように、「…道」のような形である種のやり方を積み重ねて伝統として様式化するのを好むところがあるように思います。そうしたある種の様式美のもつ美意識は、個人的には嫌いではありません。しかし、こと外国語の授業を考えた時には、「アナログ道」とでも言うような様式美は、旧来の方法に固執して合理的な教授法を導入する障壁になりかねない危険性を孕んでいます。やせ我慢したり保守的な思い込みで「アナログ道」に精進したりするのではなく、少し背伸びして新しい技術を採り入れ、ラクをするところはラクをするほうが合理的だと言えます。「…道」的な考えでは、様式美に反してラクをすることは忌避されるべきもののように思われるかもしれませんが、先に述べた教育の実現可能性・持続可能性を考えれば、教員の負担が軽減され、なおかつ教育効果が高まる方法は、むしろ積極的に採用していくべきでしょう。何かにつけてSDGsが叫ばれる時代になっていますが、教員という職業のサステナビリティも考慮されてしかるべき時が来ていると言えます。教育効果を上げ、なおかつ教員がスキルアップする時間を確保するためにも、ラクをしても良いのだということを胸を張って主張すべきなのです。

いまはまだそれほど馴染みがないデジタルを活用した教授法も、時間とともにやがて見慣れたものになっていくことでしょう。その時にデジタルの使い方がマンネリ化したものにならないようにするためにも、教員は常にスキルアップしていかねばなりません。不必要に手間や時間のかかるやり方に固執してスキルアップのための時間もとれないのでは本末転倒だと言えますし、善意で旧来の方法を踏襲していたとしても、大きな意味で教育のためにはならないことになってしまうわけです。常に新陳代謝をしていくためにも、ラクをすることは必要で、現在そのために使えるのがデジタルやオンラインの技術なのだと言えます。その意味では、ラクをするだけではなく、常に自分の授業を改善していこうとする意欲が重要なのだと言うこともでき、この点はいつの時代も変わらない教員に求められる姿勢なのだということは肝に銘じておくべきでしょう。

4.2 まずLMSを活用する——逆向き設計・ルーブリックも活かす

全面オンライン授業化が進んだ際に、使用頻度が急増したものとしてLMSを挙げることができます。個人的な経験でいえば、以前はせいぜい講義科目でレポートを回収する際に使用したり、教室で伝え忘れた事務的な連絡を行ったりする程度だったものが、オンラインで毎回の授業を行うためのプラットフォームになりました。その反面、今後全面的に教室で授業ができるようになれば、使用頻度が激減してしまいそうな予感もします。しかしながら、せっかく馴染んだLMSを活用するのをやめてしまってはもったいないように思います。かねてからMoodleを使いこなしていたような人たちからすれば、今さらLMSを活用しようなどと声高に言うのは噴飯物かもしれませんが、それで良いのです。LMSが使えるようになったのであれば、それを活用すればいいだけのことです。

LMSにもさまざまあり、お知らせやチャットベースのものからモデュールベースのものまでありますが、とりわけモデュールベースのシステムは、その学期の到達目標を定めて逆算して授業を組み立てる逆向き設計（第1章参照）でプランを構築するのに向いていると言えるでしょう。大まかな流れを事前に公開しておけば、教員の考えているプランやその趣旨を学習者と共有することも容易になります。各回の資料などを公開しておけば、対面の授業であっても、学習者に全体の構成を理解させやすくなり、いま何を学んでいるのかを把握させて、学習の目的を明確化することもできます。LMSの名の通り、学習をマネージメントしやすくなるわけで、それはオンラインであろうと対面であろうとそれほど変わらないわけです。

また、一部のLMSにはルーブリックを作る機能があり、パフォーマンス課題などを評価する時にあらかじめ共有してあったルーブリックで評価し、すぐにフィードバックするといった使い方もあります。学習者に自己評価させて振り返りを促すような場合は紙媒体のほうが良いこともあるかもしれませんが、教員の側が評価する場合には、紙媒体であると学習者へのフィードバックや評価の記録に手間がかかる面があります。教員が書き込んだものをコピーして返却したり、Excelでまとめた評価やコメントをWordの差し込み印刷機能を使って印刷したり個別メールで送信したりした経験のある方もいるかもしれませんが、LMSにルーブリックの機能があればそうした煩雑さを避けることができます。

フォーラム機能は、学習の中での気づきを他の学習者や教員と共有する場となることで、言語に対するメタ認知的な視点を涵養することにもつながります。対面の授業であっても、教室では気づかなかったことや話せなかったことなどを空いている時間に書き込むことで、活発なやり取りが行われ成果を挙げている事例もあります。アンケート機能などもそうですが、授業に対する感想や気づきを発表する場をオンラインで確保できるということは、授業時間内に記入をしたり回答をしたりする時間を教室の外で確保できるということにつながります。現在では、高校レベルでも学校内でスマートフォンを活用した取り組みが行われているところも増えてきており、スマートフォンで簡単に記入や回答ができるのも大きなメリットと言えます。特に、アンケートやリアクションペーパーなどは、紙媒体で実施した場合にはその判読や入力などの集計作業にかなりの手間がかかりますが、オンラインで回収すれば記入されたテキストの扱いも容易です。つまり、授業時間をより多く確保しつつ、授業外での活動も活発化させたり、授業前後の準備や処理を短時間かつ入念に行ったりすることにつながり、その意味で授業内容の充実を図ることになるわけです。

さらに、授業中に必ずしもやる必要のないものを課題や自主学習として授業時間外に出せるという意味では、反転授業を行おうとすれば、LMSは不可欠なものであると言えるでしょう。事前に視聴したり取り組んでおいたりしてもらいたいことをLMSで配信するというのももちろんですが、それと同時に全体の中のどのような位置づけでやっているのかがわかるようにすることが大事です。LMSで学習が構造化されていれば、反転授業も取り組みやすくなります。また、視聴の記録や確認の課題などがないと事前の取り組みに差が出てしまうことがありますが、教員が学習者の進度を確認するという機能でもLMSは必須です。

オンライン寄りの授業をするのか、対面寄りの授業をするのか、それぞれの教育機関で状況もまちまちだと思いますが、程度の差こそあれLMSを活用しない手はないのです。

4.3 Web会議システムの使い道

コロナ禍ですっかりお馴染みのツールになったものの一つとしてZoomやWebex、Teams、Google MeetなどのWeb会議システムを挙げることに反対する人は少ないでしょう。授業のみならず、会議や学会もWeb会議システムでというのがすっかり定着したように思われます。会議などはもうこのままずっとオンラインで良いのではという意見もちらほら聞かれますが、授業をなるべく対面に戻していこうということになった場合、Web会議システムはどうなってしまうのでしょうか。教室で授業をするようになれば、当然ながらWeb会議システムを使う場面は減ると思われますが、使い道としては対面授業でもさまざまにあることがわかります。例えば、海外との交流や発音などの個別指導の場面、あるいは字幕を表示させたり授業の記録を残したりして対応する場合などが考えられます。

海外交流は、実際に出かけていったり受け入れたりするのは、あらゆる面で負担が大きすぎるため、これまでも「テディベア・プロジェクト」やビデオレターの交換など、さまざまな工夫をして交流を継続してきたという経緯があります。そうした国際交流にWeb会議システムを活用すれば、どれほど活動の幅が広がるかは、あえて述べるまでもありません。コロナ禍で、日本の多くの教育機関においても教室からのWeb会議システムの設備が増強され、教員も学習者もその使用にずいぶん慣れてきました。それは、多くの交流相手も同じ場合が多く、これまでは設備や慣れの問題もあって実際には可能でも敬遠しがちだった交流の機会を、これからは増やすことが容易になったと言えます。「テディベア・プロジェクト」やビデオレターも効果的な活動ですが、Web会議システムを用いてライブで海外とやり取りする機会ができるのは、文字（手紙）や録画した映像とは違い、よりその場で臨機応変に自分の持っているスキルを活用して交流しようとすることにつながり、学習者にこれまでと違う気づきをもたらすことでしょう。第3章で触れた複文化・複言語の観点からも、多様な言語を話す人々とリアルタイムで交流する中で、自分とは違う文化や言語の人がいることを肌で感じ、自分がその中でどう行動できるのか見つめ直すというようなことが、以前よりも身近にできることの意義は非常に大きいと言えます。

個別指導や授業記録としての活用法は、サポートとしての側面が強いと言えるかもしれません。外国語の学習や授業への参加で困難を抱える学習者に合理的配慮をする際に、Web会議システムのツールが持つ機能は、非常に役立つことがあるというのを知っておくべきでしょう。教室での発音やパフォーマンスが難しい学習者には個別対応の手段となりますし、授業だけでは追いつけない困難を抱える学習者にはWeb会議システムも設定して授業を録画しておくことで、ゆっくりと復

Column

テディベア・プロジェクト

海外の学校と縫いぐるみを交換し合い、縫いぐるみと一緒に手紙や写真もやり取りすることで、学習者に実感を持たせつつ国際交流をするプロジェクト学習のことです。高等教育で採り入れているところは多くないようですが、初等・中等教育では採り入れている学校もあります。下記の書籍では、小学校でテディベア・プロジェクトに取り組んでいる阿部志乃氏によるイラストでの解説を見ることができます。

酒井志延（編著）（2019）『ワクワクする小学校英語授業の作り方』大修館書店

Column **合理的配慮**

障害者の権利に関する条約「第二条　定義」においては、「合理的配慮」とは、「障害者が他の者と平等にすべての人権及び基本的自由を享有し、又は行使することを確保するための必要かつ適当な変更及び調整であって、特定の場合において必要とされるものであり、かつ、均衡を失した又は過度の負担を課さないものをいう。」と定義されています。（文部科学省（2010）より）

2021年に「障害者差別解消法」の改正法が成立し、民間事業者にも合理的配慮の提供が義務づけられ、これまで努力義務とされていた私立学校においても、合理的配慮が義務化されました。

習・確認する材料を提供できるわけです。話された言葉を文字起こしして字幕として表示する機能は、例えばZoomでは現時点（2022年7月末）の標準機能としては英語の「ライブ文字起こし」だけの対応ですが、PowerPointを画面共有してスライドショーを実行し字幕機能を使うことで、日本語をはじめとした多くの言語を表示させることもできますし、他の言語に自動的に翻訳して表示させることもできます。PowerPointを使用した場合にはテキストでの字幕の保存はできませんが、ミーティングを録画しておけば、表示された字幕を映像として確認することはできます。さらに、デバイスの準備や設定が必要にはなるものの、UDトークのようなサードパーティのスマートフォンアプリを利用すれば、画面共有は自由に他のものに使いながら、さまざまな言語の文字起こしや自動翻訳の結果をZoomの機能として表示することができ、テキスト形式でも保存することができます。このように、音声の説明だけでは対応や理解が困難な学習者にもサポートや手がかりを提供することができるほか、習熟度がそれほど高くない学習者の国際交流の場面などでも活用することが可能です。 学習者も学習の形態も多様化するなかで、Web会議システムのツールは、コロナ対策をはるかに超えたさまざまな可能性をもたらしてくれたとも言え、外国語学習が対面授業主体に戻ったとしても有効に利用していきたいものです。

4.4 機械翻訳・オンライン辞書――メタ言語能力を養成する

電子辞書が普及し始めた頃、語学の勉強には紙の辞書が良いのか電子辞書が良いのかといった議論がありました。紙の辞書への根強い支持もあり、授業でも紙の辞書と電子辞書を両方紹介するような時期が少し続いたあと、スマートフォンが普及するとオンライン辞書を使う学習者が一気に増え、電子辞書を持っている人さえも少なくなりました。そして、2016年末頃から機械翻訳が一気に翻訳精度を高め*35、2022年現在ではGoogle翻訳やDeepLなど無料で簡単で便利に使える機械翻訳をスマートフォンやパソコンで利用する学習者が増えています。

AIを利用した機械翻訳がその翻訳精度をどんどん高めていくにつれて、AIの時代に外国語学習は必要なくなるのではないかといった議論も盛んに行われるようになりました。外国語の学習が不必要になることはないと考えますが、授業の形態や学習の仕方は大きく変わることになるでしょう。勉強する必要がなくなるというよりも、勉強によってできることがこれまで以上に増え、そして広がっていくのです。教員として、機械翻訳の存在を見て見ぬ振りをして、旧来の訳読型の授業を死守するのも一つの選択肢なのかもしれませんが、それだと学習者ができるようになってもおかしくなかったことを、結局できないままに終わらせてしまうということもあり得ます。すでに述べたラクをする技術と同じことで、これまでよりも簡単にいろいろなことができるようになるのであれば、最大限活用すべきでしょう。

英語以外の外国語はもちろん、英語ですらも、一生この島国の中で生きていくのだと決めているような学習者にとっては、学校での成績と進学時の試験という縛りがなくなれば、わざわざ勉強しなくても済むものという分類になってしまいます。日本を出ない決意などしていなくても、日本社会の現状では、外国語ができなければまったく生きていけないということはなく、学校の授業が終われば外国語のことなど忘れ去られてしまってもまったくおかしくありません。そうであるならば、機械翻訳などを使わず紙の辞書をひたすら引いて和訳をするような手間ばかりかかる授業を続けるよりも、何か困った時には使える便利ツールを少しでも使い、直面している問題を自分自身で解決できるようなスキルを少しでも身につけさせたほうが

---

*35 ガリー（2020, p.6）

よほど有益と言うこともできます。

大学でいわゆる第二外国語を教えていてふと虚しい思いにかられるのは、外国語大学の専門の授業でもない限り、大半の学習者が単位を取得した後にその言語の学習をやめてしまうという現実を思い出す時です。しかし、大半が学習をやめてしまうのがわかっているのなら、やめてしまっても何か役に立つものを学習者の中に残すことを考えるべきでしょう。外国語の学習をやめてしまっても有益なこととして考えられるのは、その言語を使用している社会がどのような文化や歴史を持っているかということや、いざ改めてその言語を学習したり使用したりする必要が生じた時に、どうやって学習をしたら良いか、どうやって調べたら良いかということがすぐわかるといったことが挙げられます。とりわけ、どうやって学習したり使用したりするかという学習方略は、場合によってはより広い意味での学習にも応用できる可能性を持っています。応用の利く普遍的な学習方略は、言語をより高次元な視点からとらえるメタ言語能力とも関係してきます。単に与えられたものを消化するだけの学習から、一歩進めて自分でどのように言語と向き合い習得していこうとするのかを考えるには、その言語がどのような仕組みになっているのかといったことに意識的になる必要があるからです。

メタ言語能力は、スポーツで喩えるとすると、近年特に注目されるようになっている体幹の強さみたいなものだと言えます。スポーツにおける個別の競技の技術ではなく、さまざまな競技に応用できる体幹の強さと、言語学習におけるメタな部分は多くの共通点があると言えます。体幹の強さが、さまざまな競技に欠かせない基礎的な身体能力を保証し、将来の伸びしろといったところにつながるように、第二外国語の教員として学習者のメタな部分をより鍛えあげることができれば、仮に学習者が将来的にその言語の学習をやめてしまったとしても、大きな役割を果たせたということになるのではないでしょうか。

機械翻訳やオンライン辞書を活用した語学授業は、単語や文法を記憶させたり、記憶に基づいた運用能力を高めたりするにはかなり工夫が必要ですが、デジタルツールを活用してより多くのことをできるようにするという面では、かなりのアドバンテージを持っていると言えます。学習者が求めているものが何かということによりますが、場合によっては、難しい単語を10個覚えさせるよりも、デジタルツールを活用して外国語話者とどれだけコミュニケーションが取れるのか、未知の言語でも既知の言語のやり方を応用してどれだけ意思疎通ができるのかを教えたほうが有益な場合もあるわけです。とりわけ、教養の一つとして大学で学ぶいわゆる第二外国語では、できることを増やすほうが現実的ではないかと思われます。

いわゆる第二外国語を活かす道である、メタ認知・メタ言語能力を高めていくのに、ともすると嫌われたり敬遠されたりしがちな機械翻訳やオンライン辞書は、すこぶる相性が良いのです。そうであるならば、やはりこれを活用しない手はありません。自分の授業に求められているものが何なのかを把握して、積極的に活用したいところです。実践例は後段で詳述しますが、単に課題の文章を訳してきなさいというのではなく、機械翻訳でまず訳を出した後にそれをブラッシュアップしてくることを課題としたり授業で説明する内容としたり、機械翻訳である程度の訳が出ることを前提に速読の授業をして大まかな内容、特にあるトピックについてどのような評価（プラスとかマイナスとか）がついているのかを正確に把握する練習をしたりと、ひと工夫することで学習者にもたらす効果は劇的に変わってきます。

従来の原文訳読型の外国語講読授業で教員が最も警戒するのは、予習課題として出してあった翻訳を、学習者が機械翻訳で済ませてしまうことです。そのため、Google翻訳やDeepLなどは、教員から敵視されている場合も多いように思います。しかし、いくら禁止したところで、学習者が家でこっそり便利ツールを使用していないか監視するようなことはできないわけですし、すでに述べたように全員が外国語を完璧に習得して社会に出ていくわけではないことを考えれば、むしろそうした翻訳ツールが出してきた訳がどれくらい使えるのか、それを活かしてどう正確に文意を理解するのかという技術を身につけたほうが有益な場合もあるのです。

また、デジタルツールやオンラインツールを組み合わせれば、「家で訳しておきなさい」というのをやめ、「素手」で原文に向き合うのは教室で、自宅に帰って機械翻訳を使い、ブラッシュアップしたものをスプレッドシートで共有し、教員の本文解説はオンデマンド動画配信し、次に教室に来る時には完成された訳を参加者で議論し内容について考えるというような、必要なことを教室で時間をかけて行うという設計も可能になってきます。それは単なる効率アップという以上に、ただ授業で教科書をこなすだけでなく、将来に活かせる能力を身につけ自立した学習者として成長させる教育を再構築することでもあるのです。

4.5 デジタル時代に紙の辞書を使い倒す

本章はポストコロナの外国語教育でデジタルツールをどう使うかという章であるため、前項では大いに機械翻訳やオンライン辞書を持ち上げた面もあるわけですが、本項では紙の辞書の名誉回復をしておきたいと思います。

無料で使える機械翻訳やオンライン辞書があるなら、もはや高価で重い紙の辞書など不要ではないかと考える学習者が増えるのは当然のなりゆきではあり、辞書の新版の編集が凍結されたり、出版社の辞書部門がなくなったりということが起こっています。しかし、紙の辞書にはやはりその良さがあります。ここで特に指摘しておきたいのは、一覧性と可視化という側面です。

まず、一覧性については、探していた言葉の周辺を見渡すことができるため、近くにある同じようなパーツや構造を持つ言葉に気づき、そこから語彙力を増やしたり、言葉の成り立ちや構造に目を向けたりする機会になります。オンライン辞書もこの点は改善が見られるようにも思いますが、少なくとも現時点では紙の辞書の優

Column **辞書引き学習**

辞書引き学習は、任意の箇所から辞書を読み既知の単語を見つけ、通し番号を付した付箋紙にその単語を書き掲載ページに貼り付けていくことを手始めに、未知の単語についても同様に付箋紙を貼っていくものです。1990年代に深谷圭助によりに開発され、日本の小学校教育で広く知られるようになっている言語学習方略です。近年は、JB model（JBモデル）として、日本の国語教育の文脈を離れ、複数の国や地域、複数の言語での導入実践を進めています。辞書引き学習関連の文献としては、主に以下のようなものがあります。

- 深谷圭助（1998）『小学校1年生で国語辞典を使えるようにする30の方法』明治図書
- 深谷圭助（1999）「自ら学ぶ力を育てる国語辞典の活用法」『教育愛知 第32回教育研究論文特集号』（第46巻増刊15号）愛知県教育委員会 pp.6-17

上記以外にも、辞書引き学習の案内書が、近年まで複数出版されています。

位性は揺らいでいないように感じます。辞書を読み、見つけた言葉を付箋に書いて貼っていく「辞書引き学習」の実践研究では、中学校や高校の英語や中国語で導入授業を行ってきましたが、まず辞書の一覧性を活用するような活動をしますし、実際に実践研究に参加した教員や研究者からも、英語であればroot words、中国語では親字に着目して単語のパーツや構造に目を向けさせられる点が紙の辞書の利点であると指摘されています。

次に可視化という点ですが、これは上述の辞書引き学習にも関連してきます。やり方はさまざまあると思いますが、紙の辞書は調べたり読んだりした痕跡を残すことが容易です。辞書引き学習を例にとれば、どれだけ自分が辞書を読んだのかということが付箋の枚数とともに可視化されます。もちろん、オンライン辞書でも調べた言葉の履歴を残すようなことも可能ですが、履歴を見なければわからないところがあります。一方、付箋が貼ってあれば、辞書を見ただけでどれだけ使い込んだのかがわかり、付箋の厚みが増していくうちに所有感が高まってきます。その所有感は、辞書というモノに対する所有感のみならず、自分の学習に対する所有感でもあります。付箋を貼る辞書引きに限らず、紙の辞書を使うということは辞書を劣化させていく中で自己の学習を可視化し所有感を高めていくことと言い換えられるかと思いますが、オンライン辞書はアップデートができますが劣化はしません。それはある面では大変な利点でありますが、可視化やそれに伴う所有感の醸成ということでは、紙の辞書にかなわない部分でもあります。可視化することが語学力に直結するわけでは必ずしもありませんが、達成感や学習を継続するモチベーションというところに深く関わってくるわけです。

上述のような紙の辞書の利点は、それぞれの言語種の達人である教員の皆様には、改めて説明されるまでもない当然のことかもしれません。しかし、隠れた問題は、比較的自明な紙の辞書の利点を授業の中で紹介したり、継続的な取り組みをしたりしている教員が少ないという点にあります。できれば紙の辞書を買っておいたほうが良いと案内する教員は多いと思われますが、それを具体的な活動と組み合わせて活用している事例は意外と少ないのではないでしょうか。自分で買って、必要な時に自分で使いなさい、という自学自習のお供のような学習者任せになっていることが多いのが現実でしょう。かく言う筆者自身も、辞書引き学習の実践プロジェクトに参加するまでは、授業の初めに紙の辞書についての詳しいリストを配布こそすれ、授業の中で紙の辞書を具体的に活用する取り組みをしたことはありませんでした。しかし、確かに利点がある以上、ICTの利点を活用するのと同様に、これを使わない手はないのです。

では、達成感や学習意欲の維持に利点がありそうな紙の辞書を活用するにはどうしたらよいでしょうか。ここで、紙の辞書を積極活用するのに障害となることを考えてみましょう。そうすると、高価である、持ち運びが不便である、授業でわざわざ時間をとるほどの話題や時間がない、オンライン辞書に比べて収録語が古い、などということが考えられます。こうした欠点は、高価であるという点以外は、たいていICTを活用することでクリアできることがわかります。具体例は後段に譲りますが、自宅で辞書を読ませ、見つけた語彙をオンラインで提出させ、それにコメントつけて返却し、場合によっては授業中に短い時間を割いて言及するといった活動を行うことで、辞書を使い込ませ成果の見えにくい授業外の成果を可視化することができます。また、オンラインで提出された単語などの情報を、Quizletのようなクイズを簡単に作成できるツールを使うことで、遊びながら語彙を増やし広げられるようにしたり、最終的に単語の試験につなげていったりということもできます。高価であるという欠点は、ただ買っておくようにという指示をするだけではなく、それを具体的にどう使うのかということを示すことで購入を促すしかありません。高価ではあったが充分元を取ったと学習者に実感させるような活動することが必要で、ただ買うことを指示するだけでは無責任であるとも言え、それでは学習者は買おうとは思わないのは当然だと言えます。本当に買わせるなら、教員にもそれなりの覚悟や工夫が必要で、それをICTがサポートできるかもしれないということなのです。

紙の辞書なのか、電子辞書なのか、あるいはオンライン辞書なのか、どれか一択という発想ではなく、それぞれの利点を上手く組み合わせて活用していく、コーディネーターとしての役割が教員には求められていると言えるでしょう。それぞれの長所を組み合わせれば、デジタルの時代だからこその紙の辞書の使い倒し方があることがわかります。

4.6「ラクをする技術」のその先へ

本章では、新型コロナウイルス感染症の感染拡大によって以前にも増して注目されるようになったデジタルやオンラインのツールを、どう外国語教育に活用するかということについて述べてきました。いわゆるフルスペック型の最新の技術を最大限駆使するような方法ではなく、すでに行ってきているものからもう一歩踏み出してみよう、できる範囲で技術を採り入れていってみよう、いわば良い意味でラクをする技術として考えようということでした。

せっかくなのでもう一歩ということで挙げてきた項目を見直してみると、学習者に学習方略について再考を促すような効果につながることが多いことに気づきます。LMSは学習の構造化ということでつながりがあるし、Web会議システムも遠く離れた国外にいる人たちとリアルタイムに話すことで自分の持っているスキルを駆使してどうコミュニケーションを図るかという思考につながるし、機械翻訳や各種辞書の使い方は学習を中断してしまったり他の言語を学ぶ必要が生じたりした時の対応に示唆を与え得るものでした。言語学習における学習方略に目を向けさせることは、すでに述べたようにメタ言語能力とも関係してきます。メタ言語能力を高めることは、それぞれの言語の能力自体を高めたり、言語に付随する社会的・文化的な背景を理解させたりすることなどと並んで、いわゆる第二外国語の授業に求められていることの重要な一要素なのではないでしょうか。教員の側がもう一歩踏み出すことは、学習者の側にとっても、もう一歩抽象度の高いレベルから言語に向き合うことにつながっていきます。「ラクをする技術」のその先には、教育の根幹にも関わる極めて本質的な要素がつながっているのです。

実践 ちょっとICTを使ってみませんか?

理論編では、せっかく少しなじみのできたICTを今後も授業に採り入れていくことの意義について説明しましたが、言うは易しで、本当にそんな簡単に導入できるのか、「ラクをする技術」というほどラクができるのかと思われる向きもあるでしょう。ここでは、実際に授業で使われたものを中心に、オンラインやデジタルのツールをちょっとだけ活用した事例を紹介していきます。

4.7 初級レベルの授業向け

●練習問題や小テストをオンラインツール(Googleフォームなど)やLMSで回答させる

教科書にある練習問題を宿題としてやらせたり、学習した内容についての小テストを行ったりする機会は非常に多いと思いますが、その確認・採点にかかる時間が気になったことはありませんか? たいした労力ではないにしても、回数が増えればそれなりの時間になりますし、業務が立て込んでいる場合などは、少し負担に感じることもあるのではないでしょうか。一方、学習者の側からしても、返却が遅くなったり、正解が明示されていなかったりすると、ややストレスに感じられる場合もあります。

フォームを使って回答させるやり方は、そうした小さなストレスを軽減する効果を期待できます。もちろん、これが万能というわけではなく、手で修正や採点をしたほうが良い場合もありますが、いろいろな場面に応用もできるため、使えるようにしておきたいツールです。応用の場面はさまざまですが、急なオンライン対応や、自習教材を授業外でやらせる場合など、臨機応変に対応しなければならない場面で役に立ちます。どのみち準備しないといけない正解を入れておけば、自動採点して表計算形式に自動で出力されたり、LMSではポートフォリオに自動で組み込まれたりと、事務作業の手間や手作業によるミスを減らすこともできます。もちろん、正解やコメントを学習者が回答後すぐに受け取るように設定することも可能です。週に1度の授業で、解答した内容の記憶も薄れた頃に答案が返ってくるよりも、その場で正答が確認でき、場合によっては気づきを促すメッセージを受け取れたほうが、学習者にとってもメリットがあると言えるでしょう。

設定が面倒なようにも見えるかもしれませんが、ひとたび自分の使いやすい形を作ってしまえば、あとはコピーで簡単に再利用ができます。一歩踏み出してしまえば、応用が容易な便利ツールを手にすることができるというわけです。ただ、LMSで設定した場合、出講先が違うとLMSが違うということは非常に多く、すでに設定したものを活用することができなくなってしまうという現実的な問題があります。そのため、Googleフォームなどの汎用性の高いもので設定しておいたほうが使い勝手は良いでしょう。

以下では、Googleフォームを例にした設定画面を例示しておきます。

図1 設定の主画面

図2 テストに設定する

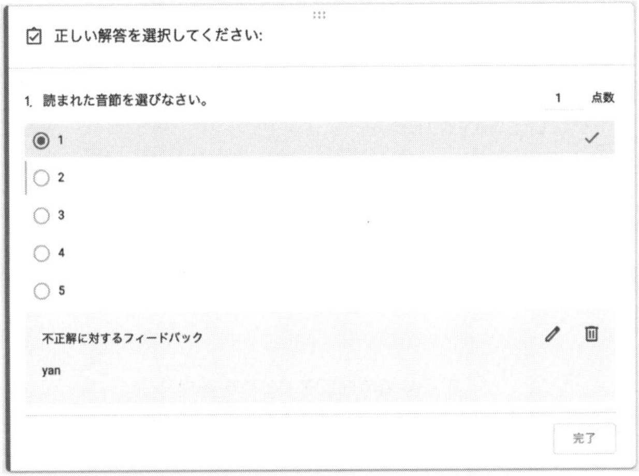

図3 正解を設定する

5月27日(水)・小テスト（19組）

第8回授業・小テスト

[redacted] アカウントを切り替える

このフォームを送信すると、メールアドレスが記録されます

*必須

氏名 *

回答を入力

学籍番号【半角数字／8ケタ】 *

回答を入力

1. 読まれた音節を選びなさい。 * 1ポイント

○ 1

○ 2

○ 3

○ 4

図4 学習者が回答する際の画面

中国語やコリア語など、学習を始めたばかりの段階ではどうやって文字を入力したらいいかわからない場合もあり、状況に応じて数字や記号で選ばせるようにするなどの工夫は必要になります。上に引用した例は、中国語で声調つきのピンイン入力を避けるために、あらかじめ選択肢を提示しておいて、答えは数字で選ばせる形式にしたものです。なお、Googleフォームでは、その他に問題順をシャッフルする機能もあり、完全ではないですが、学習者間で相談して回答するのを抑止する方法もあります。

成績処理をする時には、GoogleフォームではExcel形式で結果をダウンロードできますので、そのまま他のデータと合わせて処理するのも簡単です。

音声提出

公開　編集

教科書本文の朗読練習をした上で録音し、ベストショットをアップロードして下さい。

点数　9
提出物のタイプ　ファイルのアップロード

期限	対象	次から使用可能	次の日時まで
-	全員	-	-

朗読課題

基準	評価				点
正確さ 一つひとつの音節を正確に発音できているか	3ポイント S 完全に正確に読めている	2ポイント A ほぼ正確に読めている	1ポイント B 半分くらいは正確に読めている	0ポイント C ほとんど正確に読めていない	3点
区切り 文意にあったポーズを入れられているか	3ポイント S 完全に文意を踏まえてポースを入れている	2ポイント A ほぼ文意を踏まえたものになっている	1ポイント B 半分くらいは文意を踏まえて読めている	0ポイント C ほとんど文意を踏まえていない	3点
リズム 適度なスピードとなめらかさがあるか	3ポイント S 自然な速さでスムーズに読めている	2ポイント A 少しゆっくりだがスムーズに読めている	1ポイント B 少し遅いがスムーズに読もうとしている	0ポイント C つっかえつっかえで、さらなる練習が必要である。	3点

合計点: スコア: 9 /

図5 Canvasでのルーブリックを用いた音声課題の例

●LMSの機能を使い、音声や動画をアップロードさせてルーブリックで採点する／LMSに機能がない場合、差し込み印刷機能で結果を返却する

LMSの中には、あらかじめルーブリックを設定しておいて、課題としてアップロードされた音声や動画を評価するという機能を備えている場合もあります。ここでは、慶應義塾大学が採用しているCanvasを例に説明します。

ルーブリックの設定は、すでにルーブリック自体を使用している教員であればそれを入力するだけですし、使用したことがなくてもネット上で出てくるものや書籍で案内されているものを参考に、それほど手間をかけずに設定できます。修正も容

易ですし、いくつかのバージョンをストックしておくこともできます。朗読やパフォーマンスをルーブリックで評価することは、ICTの活用とは別の文脈で、すでに実践の蓄積もあるので、それを参考に設定していくことも可能です。

採点も録音や録画を確認して項目をチェックしていくだけで、結果も個人宛に開示することができます。Canvasの場合は、個人のポートフォリオの中に自動的に結果を含めるようにすることもできます。

学習者も事前に何に気をつけて練習をしたらいいのか明確にわかりますし、採点やフィードバックを見て振り返りをすることもできます。学習者にとってもメリットが大きい機能だと言ってよいでしょう。

教室で教員の前で朗読させることのメリットもありますが、オンライン提出にすると人目を気にせず自分で良くできたと思うまで練習して出しやすいというようなメリットもあり、状況に応じて教員の側が使い分けるのもよいでしょう。

所属先のLMSにルーブリック機能がない場合は、紙やPDFなどであらかじめ基準を配布しておき、採点した評語を返却する方法もあります。印刷されたルーブリックに書き込んで返却するような方法も可能ですが、紙ばかりが増えてしまいます。そうした場合には、Excelで成績管理をし、Wordの差し込み印刷機能を使って個別にメールで送信するということも可能です。Wordの差し込み印刷はいろいろな場面で活用できるので、なじみのある方も多いと思いますが、メールの送信機能もあります。Outlookの設定が必須にはなりますが、重宝する機能です。

●フォーラムの機能を活用する

LMSにはたいていフォーラムやディスカッションといった名称の機能がついています。これは学習者に振り返りや気づきを促す意味で非常に重要な機能と言えます。教員の手間としてはかなり時間をとられてしまいますが、履修者が多くない授業などでは、毎回の授業で気づいたことをフォーラムで書き込むことを出席条件の一つとするなどして振り返りを促し、教員は一人ひとりに返信をつけるといった実践例もあります。いわゆる一般教養系の講義科目でも活用したい機能です。

また、使用する教科書の形態にもよりますが、文法事項の例文が豊富で説明が少ないような教科書の場合、はじめから教員が文法事項を説明してしまうのではなくて、授業前に学習者同士で例文から考えられる文法事項を議論させておくといった使い道もあります。

いずれも機能としては非常に使いやすく導入のハードルは低いもので、使い方の工夫次第で大きな効果を得られる、非常に優れたツールであることがわかります。

4.8 中級レベル以上の授業向け

授業が中級以上になると、ICTの導入事例も少し複雑そうに見えますが、実際にはそれまでアナログな方法でやっていたことをデジタルに置き換えただけである場合がほとんどです。

●文法事項から作文へという内容に反転授業を採り入れてみる

コロナ禍でその名前を耳にすることも増えた反転授業は、ICTの活用を前提としていると言ってよいでしょう。ここでは、代表的なLMSの一つであるMoodleを用いた例を紹介します。取り組みの中でMoodleの機能を多用しているので難しく見えるかもしれませんが、LMSを活用するという一歩を踏み出してしまえば、実はそれほど難しくはなく、大きな枠組みだけはLMSを利用し、個々の課題などはアナログな方法でこなすということもできます。

この授業案はフランス語の例で、Hachette社の『Inspire 2』*36という「行動主義アプローチ」に基づく教材で、反転授業の授業形態での使用を一つの選択肢として提示しているものです。最低1年のフランス語既習経験を条件としたA2レベルの対面型授業で、該当の項目を全2回で扱っています。習得目標とする文法項目は、「過去の経験の記述における半過去、複合過去の使い分けができるようになる。また、期間を表す表現（il y a, pendantなど）を適切な過去時制で使うことができるようになる」こととします。そして、習得した文法項目を用いて、「過去の特別な経験について適切な時制、期間の表現を用いて90語程度のエッセイを作成する」ことを到達目標としています。各回の概要は次のとおりです。

***36** Le Bougnec, Jean-Thierry et Lopes, Marie-José（2020）*Inspire 2 : Livre de l'élève*, Hachette

	事前学習	1コマ目 対面	課題	2コマ目 対面
授業内活動	①調べ学習による既習文法事項の復習 ②エッセイ試案の作成	①調べ学習の内容を用いた読解や聴解、確認 ②実際に過去を記述する上で必要な過去に関する表現の学習	①過去の時制、期間表現を用いた学生によるクイズの作成 ②エッセイの修正および過去表現を用いた加筆、提出	①クラス内でのクイズへの取り組み、作成した学生による解説 ②音読のパフォーマンス ③エッセイのピアレビュー、気づきの共有
学習内容	調べ学習	学習内容の理解	学習内容の実践、運用	メタ言語的な気づき

事前学習後、1コマ目、課題後、2コマ目の授業後の計4回、自己評価ルーブリック（LMSでの項目選択方式、およびプリントへの記入）に回答し、学習を通じた気づきについてのフォームへの記入を行います。

1コマ目授業の事前学習で、単元目標である過去時制について、教科書に書かれたフランス語での説明事項を読みながら、文法の問題に取り組ませます。既習者が対象の授業のため、過去時制は既習の文法事項ではありますが、フランス語で説明するとどのような用語や表現を用いるのかを調べて理解しつつ、文法問題に取り組むことになります。次に、過去時制を用いて、本単元の最終目標となるエッセイ執筆の基盤となる内容の試案を作成させますが、この時点では提出はさせません。文法の理解度や過去時制に関する記述について、ルーブリック形式の自己観測シートに書き込み、自身の理解度の把握を行います。

1コマ目の授業は、対面形式で学習内容を理解することを目的とします。まず、事前学習で取り組んだ文法項目が組み込まれた聴解問題（ラジオ番組の聞き取り）、読解問題（記事の読み取り）を解き、学んだ内容が実際の場面でどのように活用されているのかを理解させます。そして、学習者自身に事前学習で調べた文法項目のフランス語による説明を日本語で解説させ事前学習の文法問題を答え合わせし、どのような点が間違えやすく理解が難しいのかを確認します。先に取り組んだ聴解問題や読解問題を振り返りつつ、過去の時制を用いる際に、必ず過去に関する表現（特に、過去時制の起点や期間を表す表現il y a, pendant, enなど）を伴うことを確認し、文法だけではなく表現の活用が過去の記述には不可欠であることを理解させます。これらの学習を元に、事前学習で作成したエッセイの試案を過去の表現や、文法の適切な使用という観点から修正させます。

1コマ目授業を踏まえた授業後課題は、Moodleから出題します。この授業後課題の目的は、これまで復習・学習した内容を実際に学習者自身が運用し、実践するフェーズに移すことにあります。授業後課題では、大きく三つの内容に取り組むことになっています。①文法項目についての振り返りと確認、②作文課題、③文法問題の作成です。②の作文課題については、1コマ目授業での学習内容を元に、事前学習で作成し教員への提出を行っていない状態のエッセイを書き直させます。教科書の長文に出てくる過去時制を使った記述の仕方を参考にしたり、文法事項について教室内で話し合ったりしたことをふまえて書き直したエッセイをMoodleで提出させます。③の文法問題の作成は、学習者自身がこれまでの学習に基づきクラスメートに文法問題を出題するというものです。文法問題は、「簡単だと思われるもの」と「難しいと思われるもの」という2段階の難易度の問題を作成させます。その際、難易度の設定基準を説明できるように考えておくように指示します。最後に、これまでと同様の自己観測シートへの書き込みと、これまでの学習を通じてのフランス語の過去記述についての気づきを書かせます。

では実際に、Moodleでの画面や設定がどのようになっているか見ていきましょう。

図6 オンデマンド課題の全体画面

各回のモデュールが配置されて（図6）、学習の全体像が理解しやすくなっているのがわかります。こうした反転授業の場合、自分で取り組んだ課題が次にどう展開していくのか示されないと、学習者はどうすればいいのかわからなくなってしまいがちですが、LMSで全体像が見えるとその心配は大きく軽減されます。

図7、8は、学習者に表示される課題の指示画面です。文法問題などの一般的な課題をMoodle上で直接回答させることができるのはもちろん（図7）、より自由度の高いパフォーマンス課題を設定することも可能です。図8は、パフォーマンス課題としての作文問題の指示画面です。

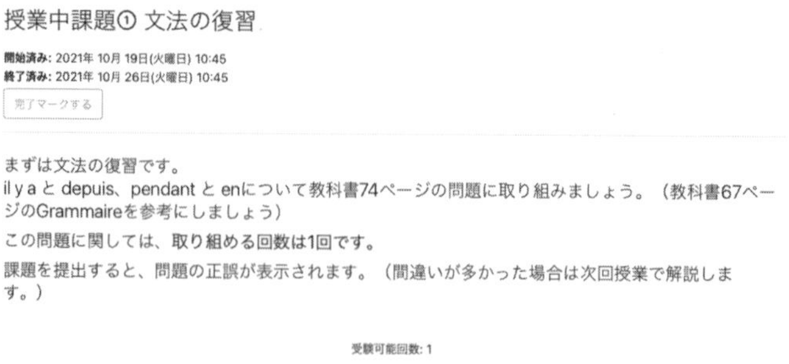

図7 事前学習の文法問題

図8 作文問題指示画面

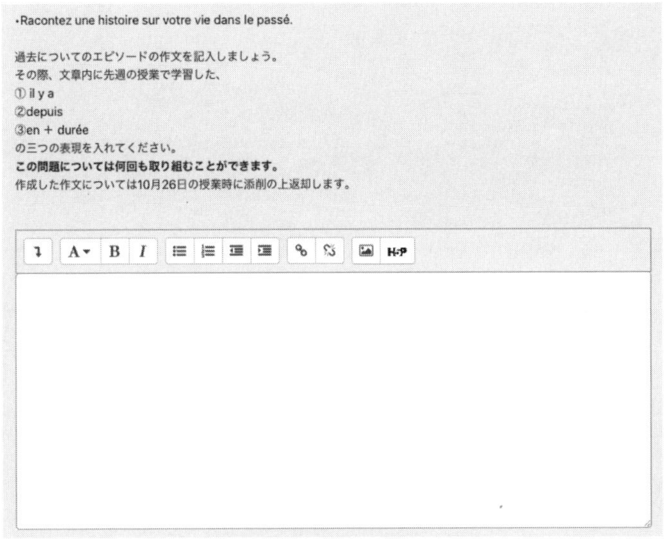

図9 作文問題回答画面

図9は実際に課題を書き込む画面です。今回の課題では、中級の学習者を対象としているため、回答欄には補助的な内容を何も入れていませんが、まだ記述に慣れていない学習者を対象とする場合、事前に回答テンプレートを記入しておくこともできます。テンプレートに沿って一部を改変させる、もしくは、空欄に書き込ませるといったような形でも出題できます。このようにMoodleを活用すると、まだ自発的な記述のレベルにいたらない初学者を対象とした場合でも、比較的早い段階か

ら作文課題に取り組ませることが可能になります。

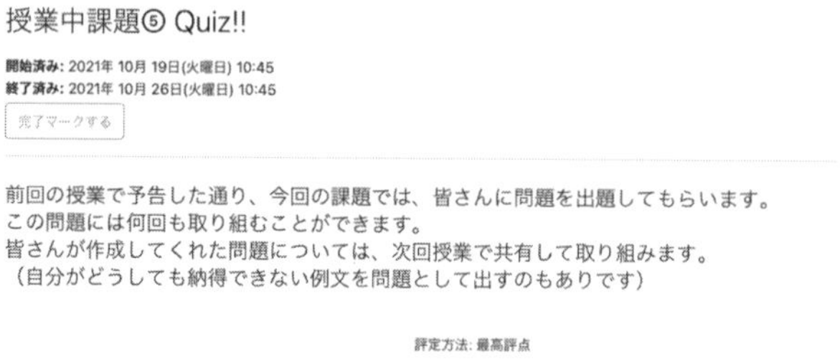

図10 Quiz作成課題指示画面

図10は文法問題作成課題の出題画面です。

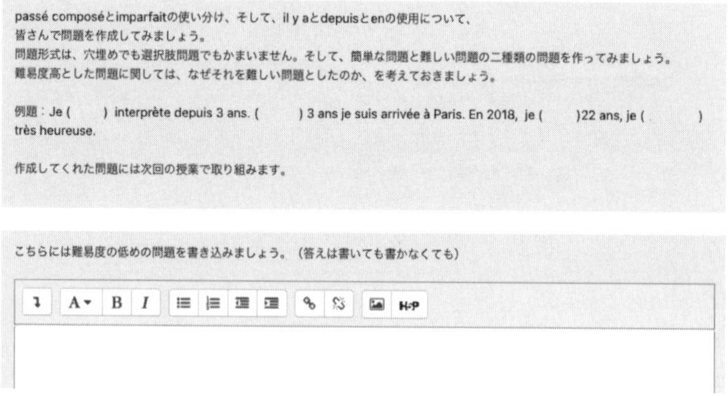

図11 Quiz作成課題回答画面

図11は文法問題作成課題の回答画面です。今回の課題では、易しい問題と難しい問題という二つの難易度で文法問題を作成することになっているので、回答欄が二つに分かれています。

本実践例は、課題の回答をMoodleで行う設定ですが、Googleフォームを使ったり、対面の時に回収するなどアナログなやり方を残しておくこともできるでしょう。

最後に、これまで記入してきたのと同じ項目からなる自己観測シートにMoodleを通して回答させます。さらに、この回の自己観測では、フランス語で過去を記述する際の文法や表現に関する気づきを記入させるようにします。

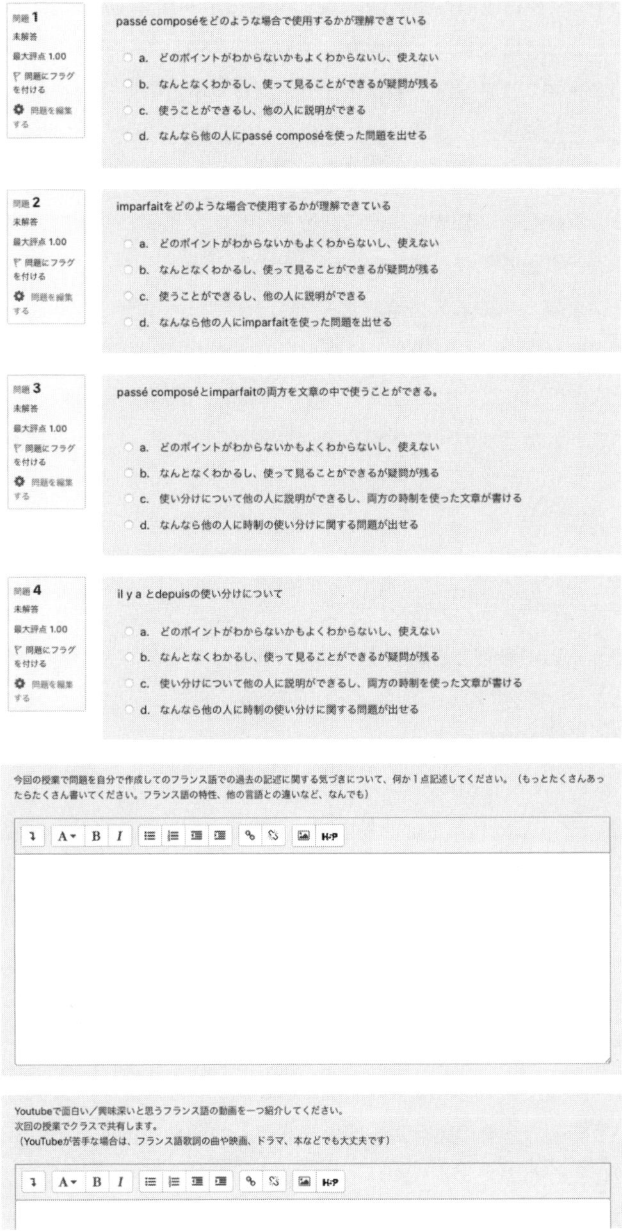

問題 1
未解答
最大評点 1.00
問題にフラグを付ける
問題を編集する

passé composéをどのような場合で使用するかが理解できている

- a. どのポイントがわからないかもよくわからないし、使えない
- b. なんとなくわかるし、使って見ることができるが疑問が残る
- c. 使うことができるし、他の人に説明ができる
- d. なんなら他の人にpassé composéを使った問題を出せる

問題 2
未解答
最大評点 1.00
問題にフラグを付ける
問題を編集する

imparfaitをどのような場合で使用するかが理解できている

- a. どのポイントがわからないかもよくわからないし、使えない
- b. なんとなくわかるし、使って見ることができるが疑問が残る
- c. 使うことができるし、他の人に説明ができる
- d. なんなら他の人にimparfaitを使った問題を出せる

問題 3
未解答
最大評点 1.00
問題にフラグを付ける
問題を編集する

passé composéとimparfaitの両方を文章の中で使うことができる。

- a. どのポイントがわからないかもよくわからないし、使えない
- b. なんとなくわかるし、使って見ることができるが疑問が残る
- c. 使い分けについて他の人に説明ができるし、両方の時制を使った文章が書ける
- d. なんなら他の人に時制の使い分けに関する問題が出せる

問題 4
未解答
最大評点 1.00
問題にフラグを付ける
問題を編集する

il y a とdepuisの使い分けについて

- a. どのポイントがわからないかもよくわからないし、使えない
- b. なんとなくわかるし、使って見ることができるが疑問が残る
- c. 使い分けについて他の人に説明ができるし、両方の時制を使った文章が書ける
- d. なんなら他の人に時制の使い分けに関する問題が出せる

今回の授業で問題を自分で作成してのフランス語での過去の記述に関する気づきについて、何か1点記述してください。（もっとたくさんあったらたくさん書いてください。フランス語の特性、他の言語との違いなど、なんでも）

Youtubeで面白い／興味深いと思うフランス語の動画を一つ紹介してください。
次回の授業でクラスで共有します。
（YouTubeが苦手な場合は、フランス語歌詞の曲や映画、ドラマ、本などでも大丈夫です）

図12 自己観測回答画面

これらの1コマ目授業の授業後課題（2コマ目の事前学習でもある）を踏まえ、対面で実施する2コマ目授業は、言語の実践や運用を通じて学習者に気づきを促すことが本時のテーマです。まず、1コマ目授業課題で学習者自身が作成した文法問題を難易度別に分けてホワイトボードに書かせ、クラスメートに対して提示させます。それぞれ自分が作成したものではない問題に取り組ませ、出題した学習者が採点し、表現や文法の解説を行います。最後に、それぞれの学習者が難易度が高いとした問題について、どうしてそれが難しいと考えたのか、ということについてディスカッションを行います。この単元の最終目的であるエッセイに関しては、1コマ目授業後課題時に提出した原稿を音読する発表（パフォーマンス課題）を設定します。それぞれの発表内容に対して、できる限りフランス語で、困難な場合は日本語で質問し、プリントアウトしたエッセイの内容を見ながらピアレビューさせ、教員が添削したものも返却します。最後に、自己観測および気づきシートに書き込んで、この単元は終了です。

Moodleを活用することの大きな利点は、複雑かつ多項目にわたる授業後課題の出題がスムーズにでき、また、長文の作文や、記述課題などの提出された課題の管理が容易であることにあると言えます。反転授業については、対面授業を1回やったらオンデマンド授業を1回やれば良いという誤解もあるようですが、実際は1回の授業につき授業外で設定した事前課題やオンデマンド教材とそれを踏まえた対面授業が行われてはじめて反転授業となります。対面とオンデマンドを交互にやるのは「半分授業」であって、反転授業ではありません。反転授業のつもりが半分授業にならないためには、LMSで学習をしっかりと管理しておく必要があると言ってよいでしょう。

●講読の授業で機械翻訳（オンライン翻訳・AI翻訳）を使う／訳文をスプレッドシートやGoogleフォームを使って提出する

いわゆる講読の授業では、機械翻訳は目の敵にされがちです。機械翻訳を禁止しているという講読の授業の話はよく聞きますが、いくら禁止したところで学習者は手を出してしまうものです。したがって、すでに述べたように、禁止したので学習者は使っていないという前提で授業を組み立ててしまうのは、講読の授業にとって最もリスキーであると言えるでしょう。

紙の辞書かせいぜい電子辞書かだけを使わせて意味をとっていき、試験は既読の文章の訳や読解をするという、最終的に記憶力に頼る試験を行う授業構成では、なるほど機械翻訳は邪魔で仕方ない存在になるでしょう。しかし、使えるツールがあるのですからそれを最大限に活用し、最終的な目標地点を変えることで、より現実的な力をつけさせる方向に授業をシフトさせたほうが良いのではないでしょうか。試験という目標を、記憶に頼って解くものではなく、能力に頼るものにすればいいのです。既読の文章についての記憶力ではなく、初見の文章を「素手」で、あるいはあらゆる方法を使って読み、その内容について考えさせ答えさせるような試験をすることを、あらかじめ明示しておきます。そうすることによって、ただ単に授業でやったことを覚えるのではなく、どうやったら初見の文章を自力で読みこなすことができるのかという、より高次の能力を獲得しなくては太刀打ちできないということを学習者に伝えるのです。誰でも簡単に機械翻訳でそれなりの翻訳を手に入れることができる現在では、初めて出会う文章を自分の持っているスキルを総動員して読み解くような能力こそが、記憶力よりも重要なのではないでしょうか。

ここで示す例は中上級の中国語での実践例で、本文に一切ピンインのふられていない教科書を用い、機械翻訳で初歩的な訳をし、教員の本文解説の後に、全員で検討した確定訳をつけていくというものです。

中国語の文には本来発音記号であるピンインなど付いていないわけですが、親切な日本の教科書では、中級レベルでも全文にピンインがふられてしまっています。そこで、中国語部分にピンインのふられていない教材を作成し、まずは漢字だけの文を見てどれだけ読めるか確認した上で、ICTを使ってできるところまでやってしまい、そこからさらに深く見直していこうとするものです。本文はスマートフォンのGoogle翻訳アプリで写真を撮れば、ピンインも訳も手に入ります。また、テキストもデジタルデータとして入手できるので、それをDeepLにコピペして、Google翻訳とDeepLの出してくる翻訳の違いを比べることも容易にできます。この実践例では、文学作品を扱っているため、基本的な意味を理解した上で、機械翻訳が出してきた訳文を、日本語の文学作品としてもおかしくないレベルの洗練された日本語にしていくという作業をしました。日本語の洗練度を高めるためには、中国語文の持っている意味をより正確に深くとらえる必要があり、中国語文への向き合い方が問われます。こうしたテクストとの対峙の仕方は、外国文学の翻訳をした

	A	B	C	D
1	第6課　P34	ピンイン	機械翻訳	検討後
2	1段落	shàngbān shàngxué shíjiān、jiēshang zhīyǒu yìxiē wàidì chūchāi gànbù zài xiánguàng、lù biān gōnggòng qìchē、wúguǐ diànchē dōu chéng jiā liáoliáo。rènao de chǎngmiàn zhīyǒu tèshū de rìzi néng kàndào、yóuháng de qúnzhòng duìwu bǎ dàjiē xiǎoháng jǐ de shuǐ xiè bù tōng。chéngli méi shénme niánqīngrén、tāmen dōu dào nóngcūn hé jūnduì li qù le。nàshí wǒ shíwǔ suì、zài yìsuǒ lí jiā hěn yuǎn de zhōngxué dòu chū sān、měitiān cóng dōngchéng dào xīchéng chuānguo zhěng ge shìqū chéng gōnggòng qìchē shàngxué。zhè shì wǒ fùmǔ wèie shǐ wǒ miǎn shòu yuánlái de yìxié huài péngyou de yǐngxiǎng suǒ cǎiqǔ de jíduān cuòshī。wǒ yuánlái jiù dú de nà suǒ zhōngxué guó qù shì suǒ nǚzhōng、zì cóng kāishǐ jiēshòu nánrén rùjiào hòu biàn xiànrù hùnluàn、jiàojī fèichí。	仕事や学校の時間帯には、一部の町外の企業幹部が街をうろつき、家族で利用するロードサイドバスやトロリーバスも少ない。 このような賑やかな光景は、特別な日にしか見られず、行列が通りや路地を賑わせた。町には若い人が少なく、みんな服飾の村や軍隊に行っていました。私は15歳で、家から遠く離れた高校の3年生で、毎日バスでイーストサイドからウェストサイドに渡って学校に通っていました。 これは、かつての悪友たちの影響から私を守るために、両親がとった極端な措置でした。私が通っていた高校は元々女子高だったのですが、男性を受け入れるようになってから混沌とし、規律も崩れてしまいました。	仕事や学校の時間帯は、街にはぶらぶらしている外地から出張してきた幹部しかいなく、辺りを走る路面バスや、路面電車には、いずれも乗客は数えるほどしかいない。賑やかな場面は特別な日にだけしか見られず、行列で街の隅々まで混み合い、身動きができないほどである。都市には若者はおらず、みんな農村や軍隊に行ってしまった。当時、15歳だった私は、ある家から遠く離れた中学校の3年生で、毎日、バスに乗って東から西へ、街全体を渡って学校に通っていた。これは、私に元々の悪い友達の影響を受けさせないようにするために、私の両親が取った極端な対策だった。私が通っていた中学は、元々女子校だったのだが、男子を受け入れるようになってから、混乱に陥ってしまい、学校生活における道徳上の規律が緩んでしまった。
3	2段落	wei4 le bu2 shou4 qi1 wu3 , nan2 hai2 zi hen3 zi4 ran2 de xing2 cheng2 yi2 ge4 ge4 ren2 shu4 bu4 deng3 de tuan2 huo2 . mei3 ri4 fang4 xue2 , ge4 ge4 tuan2 huo2 bian4 zai4 hu2 tong4 li ji3 ti3 dou4 ou1 , shi2 yong4 zhuan2 tou2 he2 gang1 si1 suo3, you3 shi2 ye3 yong4 dao1 zi. zhi3 dao4 qi2 zhong1 yi2 ge4 bei4 da3 de2 tou2 puo4 xue4 liu2 bian4 yi4 hong1 er2 san4. zhe4 chang3 mian4 shi2 de2 suo3 you3 zheng4 pai4 xue2 sheng1 fu4 mu xin1 jing1 rou4 tiao4. wo3 gan3 ji1 suo3 chu3 de na4 ge nian2 dai4, zai4 na4 ge nian2 dai4 xue2 sheng1 huo4 de2 le	いじめられないようにするために、少年たちは自然と人数の異なるギャングを形成していった。 毎日、放課後になると、ギャングたちは路地でレンガやワイヤーロック、時にはナイフを使って喧嘩をしていました。 レンガやワイヤーロック、時にはナイフも使って、一人が殴られて血を流して死ぬまで、散々な目に遭いました。 それは、まともな学生の親が飛びつくような光景だった。私は、学生たちが、後で忘れてしまうような無駄な知識から、かつてないほど解放された時代に感謝しています。 青春を無駄にしていることに気づいても、何もできない今の学生	いじめを受けないために、少年達は自然と人数の異なる集団を形成していった。彼らは放課後になるといつも路地裏で集団同士の喧嘩を繰り広げた。レンガの欠片やスチールワイヤが使われ、時にはナイフも持ち出された。誰かが殴られ頭から血を流すまで喧嘩が止まることはなかった。このような光景は、まともな学生を持つあらゆる親たちを恐怖させた。　後で忘れるに決まっている無用な学問から、学生がかつてないほど解放されたこの時代を過ごせたことに、私は感謝している。今の学生は青春が浪費されていることに気付いても何もすることができず、まったく気の毒だ。今でも

図13 スプレッドシートを使って訳などを管理する例

ことがある方なら珍しいことではないと思いますが、こうした姿勢こそが語学力の基礎体力を高めてくれるのです。

この実践例では、学習者が機械翻訳で出したピンインや訳文を、Googleスプレッドシートで共有するようにしました。受講者がすぐに進捗を把握できて便利でしたが、自分の担当以外の箇所を誤って消去してしまって気づかずに放置してしまうといったことも起きました。提出に関しては、Googleフォームで個別に提出させたものを教員がまとめて公開するというのも一つの方法かもしれません。

この実践例の最終的な目的は初見の文章を自力で読めるようになることでしたので、毎回の授業後には、どうしたら目的を達成できそうか振り返ったものをGoogleフォームで提出させ、使えそうなアイデアは次週の授業で共有していくということも行いました。

これまでは中国語の中級の教科書でもすべてにピンインをふらないといけなかったので、時事的なトピックを扱った教科書でも、1年以上前の内容についてのものだったりすることがありました。しかし、本文だけあって、それをさまざまなツールを使って読み解いていくというスタイルが確立されれば、本文のデジタルデータだけを配信するような新たな教科書の形も現れてくるのかもしれません。

●辞書引き学習を大学の授業に採り入れてみる(実践案)

すでに述べた辞書引き学習を大学の授業に採り入れる授業案を考えてみましょう。商標登録もされている正しい「辞書引き学習」を初等・中等教育で導入する際には、成果を見える化するための付箋の利用が前提にあります。しかし、大学レベルで行う場合には、大学入試での成功体験や自分なりの学習法を確立してしまっている場合も多く、付箋を貼るということに消極的なことが想像されます。一度、単語集にシールを貼って見える化するという実践を行ったことがありますが、シールを貼ることへの賛否が大きく割れ、成績も良く自分なりの学習法を確立できている学習者を中心に否定的な見解のほうがやや多かったということもありました。では、辞書引き学習のキモとも言える見える化をどう実現したらいいでしょうか。

また、もう一つの導入上の課題は、紙の辞書を持っている大学生が多くないという現実です。2022年4月に勤務校の中国語授業で、2年生(学習歴2年目)のクラスと1年生の既習クラスでアンケートを行ったところ、紙の辞書の所有率は0%でした。辞書引き学習は、語彙力の向上や言語の構造についての気づき、学習への意欲を導くものであって、紙の辞書を買わせるためのものではありませんが、ワンランク上の語学力を獲得するために紙の辞書を買って読んで欲しいというのは語学教師としての切なる願いではあります。しかし、よく考えてみると、辞書をどう読んだらいいのかという説明とか、辞書を使わないとできない継続的な取り組みとか、学習者が辞書を買った後のフォローがこれまでできていたかと考えると、教員の側にも反省すべきところは多いように感じます。一昔前なら、紙の辞書を熱心に勧められて購入したものの、授業ではまったく使わなかったという学習者も多かったことでしょう。いわば、紙の辞書は自学自習のお供であって、教室で使い方を指導するようなものとは考えられてこなかったわけです。

では、見える化の問題と、紙の辞書の購入という問題を解決するために、どのような方法があるでしょうか。ある高等学校での中国語授業への導入実践で成果を挙げたのが、調べた言葉をオンラインで提出するという方法です。ここでは、それをもとに大学での導入案を考えてみます。紙の辞書を持っていないとできないという発想ではなく、当初はオンライン辞書や電子辞書を使わせ、こういう使い方をするなら紙の辞書を購入したほうが良いと気づかせるという順番で考えることにします。入口としてオンライン辞書や電子辞書を使うことで、それらの持つメリットにも気づき、自分で使い分けができるようになるという期待もあります。

ここで紹介する実践例は中国語のもので、1年次（学習歴1年目）の30人規模のクラスを想定しています。導入授業の実施時期は、発音の学習が完了し、会話や文法事項中心の内容に入った直後を想定しています。後述する継続的な取り組みを行うためには、夏季休暇前に導入しておくほうがいいでしょう。少し発音以外の内容を行ってから導入したい場合は、後期（秋学期）の前半でもいいかもしれません。使用する辞書としては、オンライン辞書ではweblio日中中日（https://cjjc.weblio.jp/）、スマホアプリとしては欧米の学習者が最もよく利用しているPleco、そして持っていれば各自の電子辞書を持ってくるように指示しておきます。教員は、もし冊数を集められれば、6～7冊紙の辞書を用意し、1グループに1冊貸し出せるようにできれば万全です。

まず、導入授業を行い、それぞれの辞書の使い方を簡単にレクチャーします。weblioもPlecoもピンイン検索でアルファベットを入れれば、そのアルファベットから始まるピンインの単語を表示してきます。その中で、日本語でも使う漢字の熟語と同じ形のものやまったく見たこともない漢字の言葉などに注目しながら、その項目の語義全体や例文などを読ませます。グループごとに違うアルファベットから始まるものを割り当て、重複が起きないようにしたほうがよいでしょう。アルファベットとしては、語数の多いB・C（CH）、J、S（SH）、X、Y、Z（ZH）などを指定するとやりやすいと思います。

まず個人で気になる単語を探させて、ノートなどに書かせます。そして、自分の一推しの単語を決め、理由を説明できるようにさせます。次にグループ（5～6名）で他のメンバーの使った辞書や紙の辞書も見ながら、グループを代表する単語を決めさせます。メンバー全員が、前に出てその単語を発音し、理由を説明するので、発音練習と理由説明をする担当や内容を決めさせます。あとは発表を行い、振り返りをして導入は完了です。ここでの導入授業案は1コマ（90分）を想定していますが、作業や発表を簡略化すれば、60分程度でも実施可能です。

導入授業案

時	教師の活動・学生の活動	指導上の留意点
導入 10分	1. 本時の活動内容・タスクを明示し、関心を引き寄せる 2. この活動で使用する辞書について案内する 教師：いくつかの言葉について辞書を使い、日本語との類似点・相違点があることを示す	・オンライン辞書：weblio日中中日、スマホアプリ：Pleco、各自の電子辞書 ・紙の辞書がいくつか用意できればグループに1冊提供できれば好ましい
展開① 15分	3. 個人の作業をする 学生：指定された項目を中心に辞書を読み、15個を目標に気に入った言葉をノートに書き出し、特に気に入ったものを一つ選び、選んだ理由を考える 教師：机間巡視して、見つけた単語をチェックしながら、適宜コメントをする	・辞書を「ひく」という言葉は極力使わず、辞書を「読む」と表現するようにする ・何個見つけたか、どんな言葉を見つけたのかと声をかける
展開② 10分	4. グループ作業をする 学生：気に入った言葉を持ち寄って、自分の選んだ言葉を紹介し、グループで一つ「推しの単語（推し単）」を選ぶ。時間があれば、読み上げる練習をはじめる 教師：グループを代表する一つを選ぶ過程で、候補に挙がっている言葉について適宜知識の補足や発音の修正を行う	・なぜ選んだかをしっかり説明するようにさせ、他の学生がなぜ選んだのかをよく聞くように促す ・発音の指導を適宜行う
展開③ 10分	5. 発音と発表の練習をする 学生：お互いの発音をチェックし合い、理由説明の準備をする 教師：机間巡視して、発音をチェックする	・発音指導しつつ、辞書の同じ音の言葉などについて、適宜補足する
展開④ 30分	6. 発表会を行う 学生：【発表者】グループで前に立ち、全員がグループで選んだ言葉を読み上げ、それぞれの言葉の意味や関係する知識を披露する／【聞き手】聞いている側のグループは、聞き取り用紙に、読み上げられた言葉のピンイン・簡体字を書き取り、自分たちの辞書で意味を確認する 教師：適宜発音の修正をする／辞書で該当の箇所を見てみるように指導する	・選んだ理由や関係する知識について、よく話を聞き、自分でも手を動かして確認するように促す ・発表後にその言葉の周辺の知識について補足する

まとめ 10分	7. 振り返りをする 教師：辞書を読む学習法の紹介をする。ルーブリック、自由記述アンケートの記入について説明をする 学生：ルーブリックに記入しながら本時の活動を振り返り、学習の上での留意点について理解するようにする	・紙の辞書はひくだけのものではなく、語彙を音声とともに構造化していくものであることを理解させる ・パーツの組み合わせで語彙が増加することを説明する（他の言語でも同じ） ・何か気になる言葉・面白い字などがあれば、その字と同じ音の漢字の項目をすべて読むことを推奨し、本時の取り組みが日頃の学習でも継続できるように促す

事前・事後のルーブリック例

第（　　）週　　　月　　　日（　　）～
　　　　　　　　　月　　　日（　　）　　　　　　　年　　　組　　　番　氏名：

JBモデル（辞書引き学習）に関するルーブリック

評語 評価項目	S	A	B	C
辞書の利用： 紙の中国語辞書のひき方	使い方は完璧にマスターしている 記入日①　　②	言葉の意味を調べることはできる 記入日①　　②	少しアドバイスを受ければ言葉の意味を調べられる 記入日①　　②	基本的な利用法の説明が不可欠である 記入日①　　②
「辞書引き」とは： 辞書を読む「辞書引き」の理解	「辞書引き」を完全に理解し、学習の中で活用できる 記入日①　　②	「辞書引き」がどのようなものかは理解している 記入日①　　②	教員に確認すれば「辞書引き」のやり方を思い出せる 記入日①　　②	「辞書引き」がどのような活動か理解できていない 記入日①　　②
辞書の利用姿勢： 中国語学習における紙の辞書	分からないことを自分で見つけ知識を増やしていける 記入日①　　②	分からないことに出会ったら意味を調べることができる 記入日①　　②	必要に迫られれば利用できる 記入日①　　②	辞書を使うのはなるべく避ける 記入日①　　②
中国語辞書を活用する場面： 電子辞書・ネット辞書など含む	校外・家庭でも自然と日常の学習で利用できる 記入日①　　②	校内での授業や活動で利用できる 記入日①　　②	先生の指示を受けて使用できる 記入日①　　②	積極的に使う気にはなれない 記入日①　　②
中国語辞書の他領域での応用： 自立した学習者としての利用	中国以外の社会・文化や、他の言語とも関連付けて応用できる 記入日①　　②	中国の社会や文化について知るツールとしても活用できる 記入日①　　②	見つけたり調べたりした言葉の周辺に注意を向けられる 記入日①　　②	語義の確認には使用することができる 記入日①　　②

※該当する項目の記入日の欄に、「月/日（例：5/28）」のように日付を書き入れてください。
※記入日①は研究授業の前の自己評価、記入日②には事後の自己評価を記入してください。

また、導入授業の事前・事後にルーブリックを行うことで、取り組みの意義を明確化し、より深い振り返りにつなげることもできます。ルーブリックは紙でもできますが、オンラインシステムを利用すると集計をしたい場合などに便利です。

導入後の取り組みは、毎週5～10個程度、学習者の負担感なども確認しながら、オンラインで単語を提出させます。そのうち、特に気になった単語を1個指定させ、それについて教員がコメントをつけるようにします。この一連の取り組みは、LMSを使用してもいいですが、Googleフォームやスプレッドシートを利用すると印刷の手間なども省けます。なお、教員のコメントは共有したスプレッドシートに書き込んでもよいですし、授業中に5～10分ほど時間をとって補足してもよいでしょう。教員のコメントも見える化の一部分ですが、一定期間経過後に各学習者が提出したものをまとめて提示する方法もあります。オンラインシステムで回収していればExcelで処理してそれをアップロードすることができるので、手間はかかりません。また、提出された単語からQuizletなどで単語帳を作ってゲーム感覚で遊ばせ

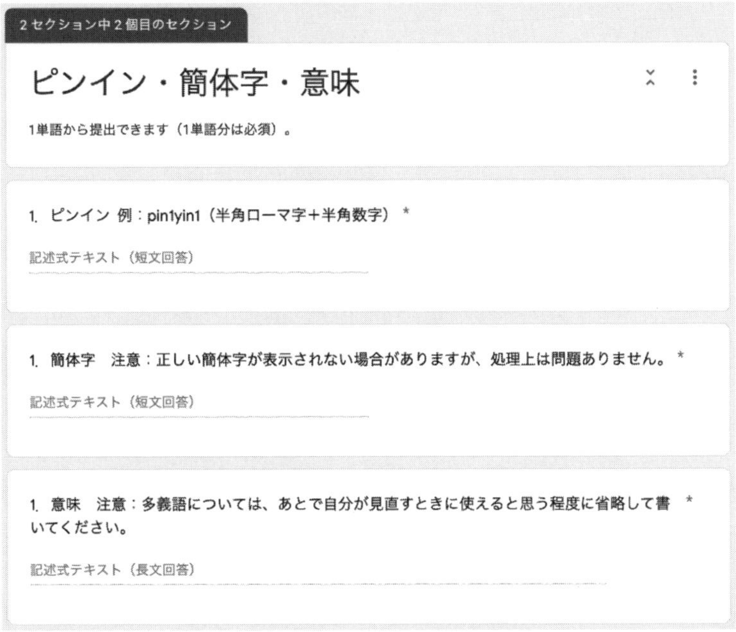

図14 Googleフォームでの提出画面

学習者の選んだ単語と教員のコメントの例

shi4pin2 dian4hua4	视频电话	テレビ電話	コロナ禍で“视频”はますます身近な言葉になりました。“视频”はもともと辞書にあるように「周波数」の意味ですが、現在は「短い映像、動画」の意味で使われることがほとんどです。Zoomのような Web会議システムは“视频会议”と言います。
sīsī	丝丝	微細な様	四字句や接尾辞として使われることがほとんどの言葉です。“丝”は何と言っても「糸」の意ですから、糸のように細くこまかい感じがあります。“丝绸之路”＝シルクロードもついでに覚えてしまいましょう。
jiao4	教	宗教	“教”からまず想起されるのは文字通り「教（おし）える」という基本義ですが、「…教（宗教）」という時の「教」でもありますね。ちなみに、「…教（宗教）」という時や「教える」という意味が名詞的に使用される時は“jiào”で、「教える」と動詞的に使用される時は“jiāo”となります。なお、“教（jiào）”は（付属形態素のため）単独では使えず、単語を構成する要素として使われます。

る方法もあります。面白い言葉を見つける作業は、紙の辞書のほうがやりやすいので、紙の辞書を買って読んでいこうと考える学習者が出てくればしめたものです。

本実践例は中国語の事例でしたが、他の言語でも、日本語でいわゆるカタカナ語としてよく使われている言葉を見つけたり、英語との形の類似を切り口にしたりと、それぞれの特徴に応じた進め方ができると思われます。

5

すぐに使える実践例

縣 由衣子　境 一三　山下一夫　吉川龍生

本章では、これまでに紹介したさまざまな要素を組み合わせた具体的な実践例を紹介します。「××語」となっている部分は、ご自分の担当する言語に当てはめて応用することもできるでしょう。

5.1 自分のルーツの国・地方の言語・方言を韓国語で紹介する

山下一夫

この実践例は、学習者にとって自分のルーツとなる言語・方言で使われる言葉を三つ選び、前もって用意された韓国語の定型文に当てはめて2人1組で発表を行うパフォーマンス課題で、「五つの領域」のうちの「話すこと（発表）」に焦点をあてています[*37]。

担当のクラスには、学校のある場所とは違う地域からやって来ている学習者や、国外にルーツのある学習者もいるでしょう。そうした学習者が外国語を用いて自分の言語を説明することは、メタ言語的な「気づき」につながります。また学校の「地元」の出身者は、地域の言葉ということになりますが、他地域や国外にルーツを持つ学習者と自らを比較することで、新たな気づきを得ることもできるでしょう。

「パフォーマンス課題でスピーチを行う」というと、文法事項をかなり勉強した後で、それらを使って白紙の状態からスピーチを作り、教員が添削も行うというスタイルを想定するかもしれません。しかしこの課題のような、定型文に当てはめていく形態であれば、学習初年次のかなり早い段階でも実施することができます。

以下は、教員があらかじめ用意した韓国語の定型文に、例として学習者が鹿児島県出水方言の「もじょか」「ぐらしか」「ぬっか」を当てはめたものです。

---

*37 この授業案の例は、神奈川県立横浜翠嵐高等学校（定時制の課程）の遠藤正承氏に原案を提供してもらいました。ここに記して感謝申し上げます。

Q：안녕하세요？

A：안녕하세요？

Q：그런데 고향이 어디예요？

A：(가고시마)예요.

Q：그럼 좋아하는 (가고시마 방언) 세 개 소개해 주세요.

A：(もじょか)하고 (ぐらしか)하고 (ぬっか)예요.

Q：그들은 한국어로 뭐라고 해요？

A：(もじょか) 는 (예뻐요) 이고 (ぐらしか) 는 (불쌍해요) 이고 (ぬっか) 는 (따뜻해요) 예요.

Q：와, 재미있다！

A：감사합니다.

Q：감사합니다.

参考までに上記の内容を日本語で示すと、以下のとおりになります。

Q：こんにちは。
A：こんにちは。
Q：ところで故郷はどこですか？
A：(鹿児島)です。
Q：では、すきな(鹿児島方言)を三つ紹介してください。
A：(もじょか)と(ぐらしか)と(ぬっか)です。
Q：それらは韓国語で何といいますか？
A：(もじょか)は(예뻐요)、(ぐらしか)は(불쌍해요)、(ぬっか)は(따뜻해요)です。
Q：わあ、おもしろい！
A：ありがとうございます。
Q：ありがとうございます。

実践例では日本国内の方言を示しましたが、海外にルーツのある学習者がいる場合は、その学習者がなじみのある外国語でやってみるのもよいでしょう。日本語と、学習言語と、さらにもう一つの言語を比較することで、言語そのものへの関心を喚起することができますし、また学習者が自らのルーツに何らかの引け目を感じている場合、こうした発表によって自己肯定感を得ることもできます。

このパフォーマンス課題は、もちろんいきなり行うわけではありません。授業時間の中で、次のような手順を踏んで実施します。

	内容	活動・留意点	評価方法
導入	・出欠点呼 ・「アンニョンハセヨ」「パンガプスムニダ」等、挨拶言葉、定型句を発声練習 ・今日行うことを確認	・コーラスリーディング ・教員は「ゆっくり、大きな声で」を指示	・声が出ているか
展開	・二人一組、ロールプレイ形式で発表 ・発表終了後、各言語（方言）の言葉を再度紹介し練習する	・学習者はボードを提示しながら好きな言葉・紹介したい言葉について発表 ・聞き手の学習者は発表を聴きながらメモする	・聞き手に聞かせようとしているか ・理解し、メモできているか
まとめ	・ワークシートを完成させる	・ルーブリックを用いる	・的確に自分の発表をふりかえっているか ・他の学習者の発表をよく聴き記しているか

表中の「まとめ」で用いるワークシートは次のようなものです。これを教員が事前に配布し、学習者は発表で紹介された言語・方言の単語と、発表および言語・方言への感想と、発表者に対するルーブリック評価を、授業時間内に書き込みます。

ルーツの国（地方）の言語（方言）を紹介しよう！ワークシート

20（　　）년（　　）월（　　　）일

（　　）학년（　　）반　이름（　　　　　　　　　　）

発表者が紹介したその言語や方言の語を3個
①
②
③

・発表への感想一言

・言語（方言）への感想一言

「目標設定＝評価のためのルーブリック」は別紙をみながらこたえてください。

目標設定＝評価のためのルーブリック				
	5	4	2	1
A				
B				
C				
D				
E				
F				

次の表は別紙として配布するルーブリックです。日本語の表現が少しくだけた感じになっていますが、これは学習者が理解しやすいようにするためです。また5段階なのに「3」がないのは、学習者が「無難な評価」で終わらせるのを避けるためです。

	5 目標以上達成	4 目標達成	2 もうすこしがんばろう	1 努力が必要
A 見る人に伝える	見る人に伝えようと思って、自然に語りかける	見る人に伝えようと思って、一生懸命語りかける	見る人をほとんど意識できない	見る人をまったく意識できない
B スムーズに	ぜんぜんつっかえない	ほとんどつっかえない	ときどきつっかえる	よくつっかえる
C はっきりと	とてもはっきり	はっきり	はっきりだったりぼそぼそだったり	ぼそぼそ
D 内容のわかりやすさ	相手にわかるよう工夫がみられる	だいたいわかる	ところどころわかりづらいところがある	内容がわかりづらく工夫が必要である
E 関心の拡大	おおいに関心をもった	だいたい関心をもった	あまり関心をもたなかった	まったく関心をもたなかった
F 自分の発表内容への理解	よく内容を理解して発表した	だいたい理解して発表した	あまり理解できないまま発表した	まったく理解できず、ただ原稿を読みあげた

こうしたワークシートは、学習者の発表を教員が採点して終わらせるのではなく、学習者同士で採点し合うことによって、教員からの一方的な知識伝達ではない、「主体的・対話的で深い学び」を促すものです。

5.2 「絶滅危惧種の動物を救うために何ができるか」というテーマでフランス語のスピーチを行う

山下一夫

この実践例は、「ジュゴン」「カワウソ」「トキ」といった、絶滅危惧種の動物を一つ取り上げ、これを救うために何ができるかというテーマで、4人程度のグループで10分間のフランス語のスピーチを行うというパフォーマンス課題で、「五つの領域」のうちの「話すこと(発表)」と「話すこと(やり取り)」に焦点をあてています*38。

スピーチというと、「将来の希望について」や「社会のあり方について」といった、やや「大きなテーマ」を思い浮かべるかもしれませんが、この「絶滅危惧種について」というテーマであれば、「どんな名前か」「どんな姿か」「どこに分布しているか」「何を食べているか」「なぜ絶滅しそうなのか」など、ナレーションがある程度固定され、比較的平易な表現で内容を伝えることができます。あるいはそうした定型文をはじめから授業で提示してもよいでしょう。ただし教員の側であまりに型を作りすぎると、学習者の自由度を縛ることにもなってしまうので、スピーチのまとめに自分の考えを述べるようにさせ、学習者の思考を促すこともできます。

具体的な手順は以下のとおりです。

(1)準備

①グループ分け

発表テーマと発表方法(スライドを作成し、口頭発表)を伝える

②グループディスカッション

発表で取り上げる絶滅危惧種の動物を選択

③クラス全体で表現の確認、練習

④グループ作業

内容の構成、作文と使用スライドの作成

(教員はフランス語の表現やスライドの作成方法など、適宜指導)

---

*38 この授業案の例は、カリタス女子中学高等学校のBarbara BAUDE氏に原案を提供してもらいました。ここに記して感謝申し上げます。

⑤スピーチのリハーサル
（教員は発音や表現内容などについてアドバイスを行う）

(2) 発表

①ワークシートを配布し、他のグループの発表の間はこれに記入させる。

Nom, prénom, numéro:

L'exposé a bien respecté le thème.　Oui/Oui, assez/Non, pas vraiment/Non

La présentation était facile à comprendre.　Oui/Oui, assez/Non, pas vraiment/Non

La voix était assez forte.　Oui/Oui, assez/Non, pas vraiment/Non

Mon commentaire pour le groupe:

Releve 5 mots clés de cet exposé:

Ma question:

参考までに上記の内容を日本語で示すと、以下のとおりとなります。

姓、名、番号：
発表はテーマと合っていた
あてはまる/ややあてはまる/あまりあてはまらない/あてはまらない
発表は分かりやすかった
あてはまる/ややあてはまる/あまりあてはまらない/あてはまらない

大きな声で言っていた

あてはまる/ややあてはまる/あまりあてはまらない/あてはまらない

グループに対するコメント：

発表のキーワードを5つ：

質問：

最初の三つは、発表を評価するための簡単なルーブリックになっています。教員が一方的に評価するのではなく、学習者同士で評価し合うという方法は、前項で紹介したパフォーマンス課題と同じです。また後半の記述部分は、後で発表に対して質問を行う時の材料として使います。急に「フランス語で質問をするように」と指示しても、初学者には難しい側面がありますが、こうしてメモを取っておけば、質問を考える時の準備にもなります。

②各グループがGoogleスライドないしPowerPointを使いながら発表を行います。他のメンバーや教員は、①のワークシートに評価、コメント、キーワード、質問事項を記入します。

③発表終了後、発表グループ以外のメンバーが籤を引き、当たったメンバーは記入したワークシートを参考にしながら、フランス語で質問を行い、発表グループはそれに対してフランス語で答えます。教員は、メンバー間のコミュニケーションや質疑応答の対応力などを評価する、別のルーブリックを事前に作成しておいて、その場で記入して成績評価の材料としてもよいでしょう。

④すべてのグループについて、②の発表と③のやり取りが終わった後、ワークシートを回収し、それをもとに全体に対する講評や解説を行います。また回収したワークシートは、成績評価の材料として用いることもできます。

このパフォーマンス課題は、次の単元目標の設計を元に実施されています。パフォーマンス課題は、普段の授業と直接の関係がない単発イベントとして行うのではなく、このように単元の中できちんと位置づけて実施することも大切です。

単元目標		
情報を取捨選択し、わかりやすく説明し、相手を納得させるような表現を述べて、その場で簡単な質疑応答ができる。		
知識・技能	思考力・表現力・判断力	学びに向かう力・人間性
今まで習ったフランス語を生かして、今回のテーマに選ばれた語彙も加えて論理的な文章を作成し、プレゼンテーションをする。 ・Quel + 名詞（質問するための疑問文） ・動物に関連する単語や動詞（Vocabulaire des animaux, Verbes d'action (sauter, grimper, escalader, nager...)） ・形容詞 Adjectifs descriptifs (grand, gros...) ・現在形 Présent ・命令法 Impératif	①紹介したい内容をどのように表現すれば相手にわかりやすく伝わるかを判断する。 ②更に、思考力を働かせて、相手を納得させる表現や語彙を使う。また、シチュエーションに合うフランス語（tu/vous, 丁寧語など）を選び、なるべく自然な話し方を目指す。 ③英語で学んだ単語をフランス語と比較して、使えるものを探せる機知。 ④発表を聞きながらメモを取り、質問を準備する練習をして、アクティヴな参加を意識する。	①フランス語で発表を行うことで、堂々と発表する態度。 ②クラスメイトとの協働作業を通じて、互いに学び合う意識。 ③フランス語を自分のツールにし、問題解決のために使う。 ④実際に行動し、解決策を提案する力。生徒同士でお互いに学び合う姿勢。

5.3 対話の要素を加えた自己紹介の発展型課題

吉川龍生

この実践例は、単に自分のことを話すだけでなく、自分に対しての質問に答えたり、相手のプロフィールを聞き取ったりする要素を加味した、自己紹介課題の発展型とも言えるパフォーマンス課題です。自己紹介はよく行われる口頭発表の課題ですが、自分のことを覚えてきて一方的に話すだけの、パフォーマンス的要素の少ない暗唱課題で終わってしまうことも少なくありません。そこで、ランダムに聞かれた質問に対して自分のプロフィールを答える形式にすることで、双方向姓を加味しています。また、教員がその場でランダムに選ばれたプロフィールの人物になりきり、学習者が質問を重ねて教員がなりきっている人物のプロフィールを書き出すようにすることで、学習者の側が主体的に働きかける要素もプラスしてみようというものです。

学習歴1年目の、前期に自己紹介の暗唱課題をやったことがあるクラスで、年内最後の授業（12月）にやる課題という設定です。また、この実践例は、1コマ90分で週2コマ、30名程度のクラス規模を想定しています。時間配当やクラス規模に応じて、3～5コマで取り組むことが可能です。大まかな流れは、次の①～④の4段階です。

①質問事項を考える

初対面の人物をプロファイルすることを想定して、その人物について知りたい情報にはどんなものがあるか考え、どのように質問すればいいか（何をどう聞くか）、既習事項を活用して考えさせます。個人でアイデアを考えた後、5名程度のグループに分かれ、個人では思いつかなかった項目などを確認させ、グループの案として何をどう聞くかの具体例を提出させます。

教員は、提出されたものを集計・整理し、全員に提示します。提出された項目が多岐にわたりすぎて収拾がつかなくなりそうな場合は、質問項目をある程度絞って提示して（10個ほどあれば十分）、②の段階に進むのもよいでしょう。

②架空の人物を考える

①で出てきた質問項目に沿って、グループで架空の人物像を考え、質問項目についての具体的な回答を作成させます。なるべく既習事項から作成させるようにしますが、語彙が足りない部分が出てきますので、適宜インターネット上の情報を利用させます。

最終的に、各グループで考えたプロフィールを用紙に記入して提出させます。教員は、各グループの案をまとめて、全員に提示します。

③ロールプレイで練習する

出そろったプロフィールを利用して、ペアになって質問と応答のロールプレイ（練習）をさせます。適宜、ペアを変えて練習させてもよいでしょう。

教員は、机間巡視をして、発音の修正を中心とした指導を行います。何人か指名して、④でやるのと同じ形式で試してみましょう。そうすることで、次の段階でどのような対応が必要なのかを明示することができます。

④パフォーマンスをする

採点対象となるパフォーマンスを、教員と一対一で行います。②で出てきた各グループのプロフィールを一つずつ印刷して封筒に入れ、どのプロフィールが入っているかわからないようにして、その場で学習者に一つ選ばせます。教員だけその中身を確認し、そのプロフィールの人物になりきります。

まず、教員から学習者に、決めてあった質問項目についてランダムに質問します。学習者は自分の実際に即して答えてもいいし、グループで設定した人物になりきってもいいし、その場で思いついた人物になりきってもいいこととします。自分の実際のプロフィールを明らかにすることに強い抵抗感を持つ学習者もいるためです。

次に、学習者が教員に質問し、教員は封筒に入っていたプロファイルの人物になりきって答えます。学習者は、教員が答えた情報を聞き取れただけ書き出し提出します。

なお、例えば30名のクラスで実施すると、90分授業を2コマ使っても、パフォーマンスをする学習者の入れ替わりの時間なども生じるため、一人あたり5分程度しか実質的に時間をとれません。そのため、教員が質問する前半に2分、学習者が質問し記録をとる後半に3分といった具合に時間を区切り、その中でどれだけスムーズにやり取りができたかも評価の対象としてもよいでしょう。仮に質問項目を10個とした場合、全項目についてやり取りができない場合のほうが多いと思われます。

上記の4段階で、②と③を同じ時間に行うことができれば3コマで完結できます。一方で、クラス規模が大きければ④には2コマは必要ですし、③の練習にも時間がかかるため、5コマを割いて行ったほうがよいでしょう。

30名のクラスで5名グループを作れば、6つのプロフィールができあがります。6つくらいのバリエーションだと、熱心な学習者などは特徴的な情報を手がかりに、1項目だけ聞けば他がわかってしまうレベルまで内容を覚えてくることもあります。内容を覚えるのも学習の一部ですし、学習1年目では適度な限定があったほうが良いと思われ、特に気にする必要はないとも言えます。ただ、以下に示すプロフィールの例のように、名前を確認しただけで他の情報がすぐわかってしまうようなものが出てきた場合は、パフォーマンスの時に教員が名前だけはランダムに変えるというような工夫も必要になってきます。また、運用能力の高い学習者には、その場で

プロフィール記入用紙

記入担当：＿＿＿＿＿＿＿＿＿＿

①＿＿＿＿＿＿＿＿＿＿

②＿＿＿＿＿＿＿＿＿＿

③＿＿＿＿＿＿＿＿＿＿

④＿＿＿＿＿＿＿＿＿＿

⑤＿＿＿＿＿＿＿＿＿＿

⑥＿＿＿＿＿＿＿＿＿＿

⑦＿＿＿＿＿＿＿＿＿＿

⑧＿＿＿＿＿＿＿＿＿＿

⑨＿＿＿＿＿＿＿＿＿＿

⑩＿＿＿＿＿＿＿＿＿＿

以上

質問文決定版

	決定		
1	你叫什么名字？ お名前は何ですか？		
2	你今年多少岁？ あなたは今年何歳ですか？		
3	你的生日几月几号？ 誕生日は何月何日ですか？		
4	你家有几口人？ 何人家族ですか？		
5	你是哪国人？ どこの国の人ですか？	你是从哪儿来的？ どこ出身ですか？	
6	你现在住在哪里？ 今どこに住んでいますか？		
7	你喜欢吃什么？ 好きな食べ物は何ですか？	你喜欢喝什么？ 好きな飲み物は何ですか？	
8	你有什么爱好？ どんな趣味がありますか？	你的爱好是什么？ 趣味は何ですか？	
9	你每天几点起床？ 毎日何時に起床しますか？	你每天睡几个小时？ 毎日何時に就寝しますか？	
10	你做什么工作？ どんな仕事をしていますか？	你妈妈做什么工作？ 母親はどんな仕事をしていますか？	你爸爸做什么工作？ 父親はどんな仕事をしていますか？
	你在哪儿工作？ あなたはどこで仕事をしていますか？	你妈妈在哪儿工作？ 母親はどこで仕事をしていますか？	你爸爸在哪儿工作？ 父親はどこで仕事をしていますか？

※日本語訳は本書のために追加したものです。

実際に出てきたプロフィールの例

	提出	修正
1	莱昂纳多－迪卡普里奥	我叫莱昂纳多・迪卡普里奥。 私はレオナルド・ディカプリオです。
2	47岁	我今年47岁。 今年47歳です。
3	我的生日是11月11号	私の誕生日は11月11日です。
4	我家有3口人	私は3人家族です。
5	我是美国人	我是美国人。我是从洛杉矶来的。 私はアメリカ人です。ロサンゼルス出身です。
6	我现在住在美国	現在アメリカ在住です。
7	我喜欢吃蛋糕。我喜欢喝咖啡	私はケーキが好きです。コーヒーを飲むのが好きです。
8	我的爱好是游泳	私の趣味は水泳です。
9	我早上12点就起床了。我睡了三个小时。	我每天早上12点起床。 我每天睡三个小时。 私は毎日12時に起きます。毎日3時間寝ます。
10	我是一个演员。他的职业是一名作家。她是一名法律秘书。好莱坞。出版商。律师事务所。	我是一个演员。我爸爸是一名作家。我妈妈是一名法律秘书。 私は俳優です。父親は作家です。母親は法務秘書です。 我在好莱坞工作。我爸爸在家写小说。我妈妈在律师事务所工作。 私はハリウッドで仕事をしています。父は家で小説を書いています。母は弁護士事務所で働いています。

※日本語訳は本書のために追加したものです。

多少のアドリブを入れて質問や回答をしてもよいでしょう。

評価用ルーブリック

評価項目	S	A	B	C
質問に対応して、的確に対応することができる。【本人について】	制限時間の中で、多くの質問に、充実した内容の回答をすることができる。	多くの質問に回答できる、或いは各質問に対して充分な内容の回答をすることができる。	各質問に対して、簡単な内容で、最低限の回答をすることができる。	質問に対して、スムーズかつ的確に答えられるような練習をする必要がある。
相手に対して質問をして、答えの内容を書きとめられる。【相手について】	制限時間の中で、正確かつ多くの質問をし、その答えを極めて正確に書きとめることができる。	充分な質問を発することができる、或いは相手の発言内容を確実に記録することができる。	最低限の質問ができ、相手の話した内容も最低限のメモをとることができる。	的確な質問をして、その答えをしっかり聞きとるための練習が必要である。
相手に意味が伝わるように発音することができる。【発音】	充分な声量で極めて正確に発音することができる。	相手が意味を確実に理解できる発音をすることができる。	相手が話題や文脈から推測すれば発話内容を伝えることができる。	一つひとつの発音をしっかりできるように練習する必要がある。
リズム良く話すことができる。【リズム・流暢さ】	極めて流暢なだけでなく、文意を踏まえた適切なリズムで話すことができる。	文意を踏まえて適切にポースを入れられる、或いは言いよどむことなく答えられる。	一文字ずつではなく、文として一連の流れを意識して話そうとする姿勢がうかがえる。	一つひとつの字の読み方だけでなく、意味を意識した練習が必要である。
相手を見て話すことができる。【身ぶり・反応】	相手を見ながら話し、質問に対して即座に反応し、適切な身ぶりを交えて答えることができる。	相手を見ながら話しかつ答えられる、或いは質問に対して反応良く答えることができる。	時折視線を外して考えながら話し、何度か聞き返したりしながら質問に答えることができる。	メモなどがなくても、相手を見ながら話せるように、内容に習熟し練習する必要がある。

パフォーマンスの評価に関しては、①の段階でルーブリックを配布し、④ではそのルーブリックを使用して評価します。特に2コマにわたってパフォーマンスを行う場合は、ビデオで記録を残しておいて、1コマ目と2コマ目で評価にゆれがないか確認するような対応も必要でしょう。教室にWeb会議システムの配信システムを完備しているような場合は、Web会議システムの録画機能を活用して記録を残すことも可能です。

この実践例では、①の段階であらかじめ教員側が決めてあったルーブリックをそのまま使用したわけですが、①や②の活動をした後で具体的な項目数を入れたり、目標レベルを調整したりして、③の練習段階で学習者に明示するというやり方でもよいでしょう。

学習者へのフィードバックは、Excelで評語を記録しておいてWordの差し込み印刷などで個別の評価を印刷して、教室で一人ひとりにコメントとともに渡してもいいでしょうし、授業で十分に時間をとれない場合は、LMSにルーブリックを設定しておいて個別に成績開示するという方法もあります。LMSでルーブリックが設定できない場合などは、上述のWordの差し込み印刷機能にメールアドレスを入力しておくことで個別メールを送信できる機能があり、そうしたものを活用することも可能です。

5.4 海外の交流校の学生と中国語でオンライン交流を行う

山下一夫

この実践例は、海外の交流校の学生に対して、学習者が中国語で自分たち紹介をするビデオを作成するというものです*39。海外の学校と交流協定を結び、相互訪問を行ったり、交換留学生を受け入れたりしていたのにもかかわらず、2020年以降はCOVID-19の流行によりそうした交流事業が中断した学校も少なくないでしょう。しかし一方で、どこの国でもオンラインツールが普及した結果、逆にオンラインでの交流はやりやすい状況となっています。

ただ、Web会議システムでリアルタイムのフリートークだけだと、双方の学習者の外国語運用能力の限界もあって、なかなか会話がはずまないという問題があります。そこで、授業の中で事前に自己紹介のスピーチの準備をし、またそこで想定されるやり取りの練習を行えば、比較的円滑に進めることができますし、また授業計画の中にオンライン交流を組み込むことができます。

***39** この授業案の例は、横浜市立みなと総合高等学校の温悠氏に原案を提供してもらいました。ここに記して感謝申し上げます。

具体的な手順は以下のとおりです。

(1)準備

①クラス全体で教科書に掲載されている、自己紹介を行う中国語の会話文の練習を行います。

②実際に自分が中国語で自己紹介のスピーチを行う場合、どのような内容を伝えたいか、クラス全体でブレインストーミングを行います。例として以下のようなものが挙げられます。

- 学校名、名前、学年
- 住んでいるところや家族
- 行ってみたいところ
- 好きなことや嫌いなこと(授業・音楽・本・アイドル・食べ物など)

③学習者が、既習内容の範囲で②を中国語で表現するにはどうしたらいいかを考え、中国語でのスピーチ内容の原案を作成します。その際、教員は内容や表現などについてアドバイスを行います。

④教員が次のような学習者の自己評価のためのルーブリックを配布します。なお、評価点は1から5となっていますが、意図的に3を省いてあります。

	5	4	2	1
発音	全文を正確に発音できる	全文を正確ではないが発音できる	全文を発音できないところはあるが少し発音できる	全文を全く発音できない
聞き取り	交流相手が話す短文を全て聞きとれる	相手の話す言葉を単語で聞き取れる	動詞や名詞の音を一字以上聞き取れる	音を全く聞き取れない
文章	既習事項を十分に用いた文章を書ける	少し間違うが既習事項を用いた文章を書ける	既習事項をあまり使えていないが文章を書ける	既習事項を全く使えず文章を書く
話す	自分が話す場面で、相手に伝わるように話せ、通じる	自分が話す場面で、相手に伝わるように短文で話せる	自分が話す場面で、相手に伝わるように単語で話せる	自分が話す場面で、全く話せない

話す (発表)	自分から積極的に中国語で話す	自分から少しずつ中国語で話そうとする	間違いがあるが中国語で話そうとする	中国語で話そうとしない

⑤教員がクラスをいくつかのグループに分けます。学習者はグループ内でお互いに自己紹介スピーチを行い、ルーブリックを使って自己評価を行います。

⑥教員がメンバーを組み替え、新しいグループを作ります。学習者は⑤での自己評価も踏まえて発表のイメージを膨らませた上で、お互いに自己紹介スピーチを行い、さらにそれをもとにフリートークを行います。

⑦教員は再びメンバーを組み替え、⑥を繰り返します。また、学習者に対して適宜アドバイスを行います。

(2)オンライン交流会

①教員は、準備段階で用いた自己評価のルーブリックに加えて、さらに次のような相互評価のためのルーブリックを配布します。なお、表現や評価は意図的に簡略なものにしています。

自分が伝えたいと思った文章やポイントについて	よく話せた	少し話せた	あまり話せない
発音について	よくできた	少しできた	あまりできない
勉強した文法事項について	よく話せた	少し話せた	あまり話せない
中国語全般について	よく使えた	少し使えた	あまり使えない

②教員は以下のようなオンライン交流の内容について説明します。

- 自己紹介スピーチを行う
- 自己紹介で触れたような内容について、交流相手に質問をしてやり取りを行う
- ルーブリックを用いて自己評価と相互評価を行う

③②の内容について、海外の交流校の学生とオンライン交流会を開催します。その際、教員も相互評価ルーブリックを用いて学習者の評価を行います。

5.5 オンラインのさまざまなtips①Quizlet

吉川龍生

外国語学習では単語帳や単語ゲームとして利用されることが多いオンラインアプリにQuizlet（クイズレット https://quizlet.com/ja）があります。テキストやExcelのデータから簡単にクイズが作成でき、授業外で学習者に遊びながら語彙力を鍛えさせることができます。登録が必要ですが、クイズを作成して学習者にさせておくだけなら無料版で十分です。なお、有料版にすると、学習の進捗状況をチェックできる機能などが使えるようになります。

例えば、講読の授業で新出単語の解説が少ない教材を使用した時や、オーセンティックな教材を使用した場合など、学習者にわからなかった単語をオンラインフォームやスプレッドシートで提出させておけば、そのデータを適宜修正して読み込ませるだけで、フラッシュカードやマッチングなどの形式で遊びながら単語を覚えられるものが提供されます。作成画面の左側の列のものを自動音声で読み上げさせ、該当するものを答える「音声チャレンジ」という機能もあり、単語レベルではありますが、聞き取り練習も組み込んだ学習をさせることも可能です。

スプレッドシートに書き込まれた単語の例

ピンイン	簡体字	意味
rúyuànyǐcháng	如愿以偿	願いがかなえられる
páihángbǎng	排行榜	ランキング
méirén	媒人	仲人
méiqīngmùxiù	眉清目秀	眉目秀麗
bùdéliǎo	不得了	1.たいへんだ　2.～でたまらない
píngdàn	平淡	平凡である、単調である
fàngqì	放弃	放棄する、あきらめる
míngpái(r)	名牌（儿）	ブランド
lǎopo	老婆	妻
qiāoqiāo	悄悄	音や声を立てないように
yóuxì	游戏	ゲーム

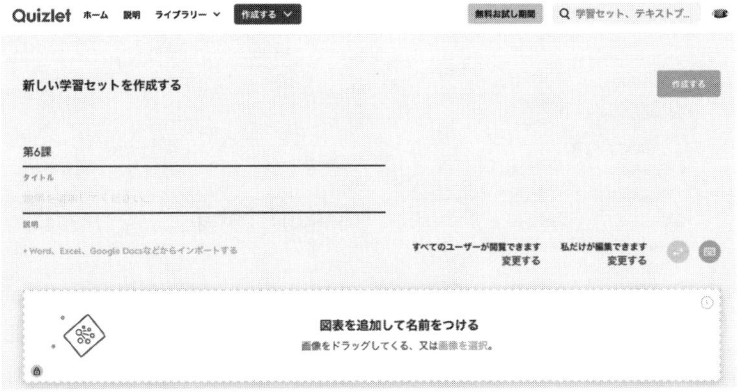

図1 学習セット作成画面

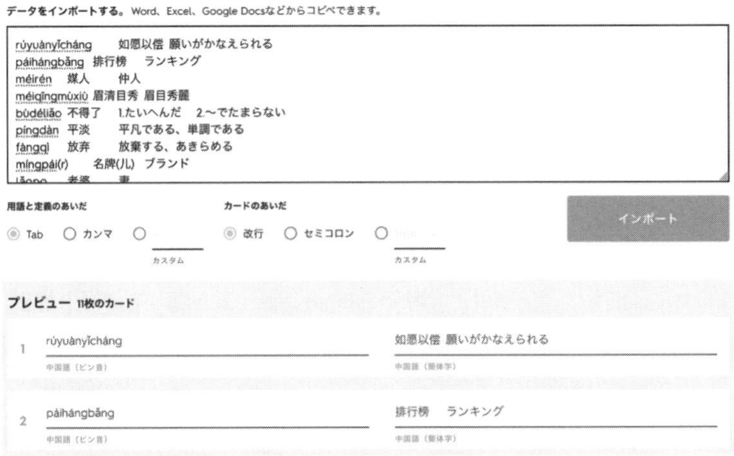

図2 インポート画面

インポート画面では、スプレッドシートに書き込まれたものをコピー・アンド・ペーストで枠内に貼り付けます。これをこのままインポートするだけです。

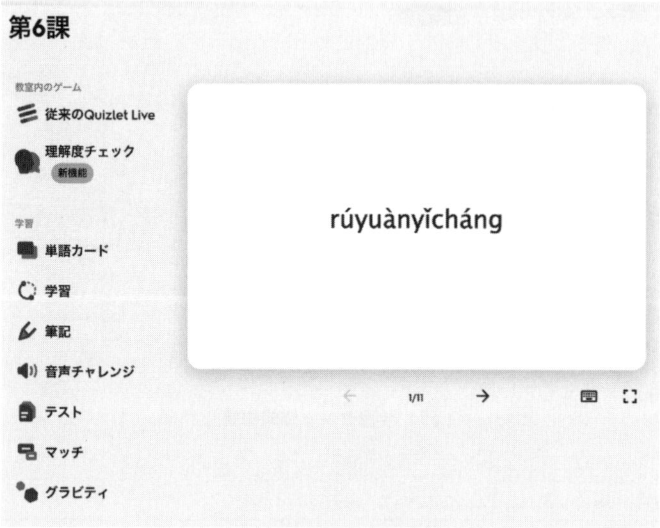

図3 単語カードの画面

インポートが完了すれば、すぐに単語カードの画面が表示され、左側の項目を選択すれば、ゲームも含むさまざまな機能を利用することができます。Quizletで単語の学習をさせておいて、Quizletの機能とは別に、教員が自分で小テストを作成して実施するといった、成果のチェックだけは教員の側で行うといった使い方もいいかもしれません。例えば、辞書引き学習でGoogleフォームを通じて単語を提出させ、集まってきた単語をQuizletで勉強させれば、教員の想定を超えて学習者の語彙がどんどん広がることも期待できます。

5.6 オンラインのさまざまなtips②Flipgrid

境 一三

Flipgridは Microsoft社が提供する教育用ビデオ投稿システムです。Flipgridでは、クラスごとにGroupを作ることができ、その中で教員が設定したTopicに各自が動画をアップロードすることができます。学生は、登録*40を済ませた後は、どのような機材で撮ったビデオであっても投稿することができますが、スマートフォン用のFlipgridアプリで撮影して、そこからアップロードするのが最も簡便な方法です。

Flipgridの使い方は、教員の与えた課題に対して口頭で回答する様子をビデオ撮影して、そのファイルをアップロードすることが基本になるでしょう。例えば、「週末には何をしましたか？」*41 Was haben Sie am Wochenende gemacht? という課題に対してドイツ語で回答するということなどが考えられます。参加者はクラス内であればどのビデオでも視聴することができますので、他の学生のビデオから応答の方法を学ぶこともできます。また学習者同士がビデオでコメントをつけ合うという活動も可能です。

このアプリの優れたところは、Topic設定の際にClosed Captionの言語を設定しておくと、ビデオの視聴の際にクリック一つで字幕を見ることができることです。学生の発音が、音声認識エンジンがその言語であると認識できるレベルの発音であれば、字幕が表示されます。字幕の表示がおかしければ、学生はさらに発音を練習して、自分の意図した字幕になるようにするという目標を掲げることもできます。

Flipgridの活用はさまざまに考えられますが、岩居弘樹氏は、次回の授業までに前回学んだ内容を動画にしてアップロードすることを指示しているそうです。また、ZoomなどのWeb会議システムを使って海外と交流活動をすると、時差が大きい国とでは時間設定が難しくなるので、大阪大学とアーヘン工科大学との間では、Flipgridを使って非同期型の交流を行っているとのことです。*42

ここで提示する活用方法は、それに比べると非常に単純なものです。ゼロ初心

---

*40 教員の設定や学生の登録方法については、大阪大学の岩居弘樹氏のサイトを参照のこと。https://zoom.les.cmc.osaka-u.ac.jp/2020/04/11/flipgrid%e3%82%92%e6%b4%bb%e7%94%a8%e3%81%99%e3%82%8b1/

*41 cf. https://www.youtube.com/watch?v=e1BrPS7XIw4&t=62s

*42 https://ict-enews.net/zoomin/17ipad-3/

者の1年生のクラスでは、毎回の授業のウォーミングアップでアルファベットを含む基本発音練習を行いますが、その成果を確認するために、年に数度それらをFlipgridにアップロードさせます。また、数詞の1～50、51～100なども録画を提出させます。

既習の2年生クラスでは、Web上のニュース（音声付き）を講読する場合に一つのニュースを読み終わる度に、授業中にディクテーションを行う他に、宿題として短いニュースであれば全文を、長いものであれば数段落を指定して、アナウンサーになったつもりで朗読し、その様子を録画してFlipgridにアップロードさせます。

学生の発音チェックには、録音してLMSなどにアップロードさせる方法もありますが、これまでの経験では、Flipgridに録画をアップロードさせるほうがずっと指導がやりやすいと感じています。学生が発音する時の表情や口の動きがよくわかるので、調音の指導にもとても役に立ちます。

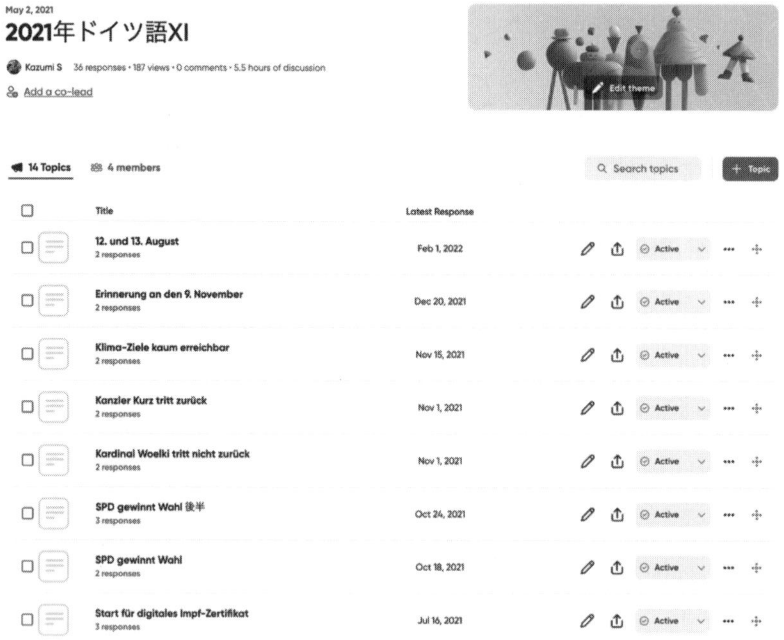

5.7 オンラインのさまざまなtips③Padlet

縣 由衣子

板書した学習者の意見を記録として残しておきたい、学習者の意見を一覧で提示したいといった時にも活用できる便利なツールがあります。Padletは、オンライン上に共同のワークスペースを作るツールです。ワークスペースを学習者と共有すると、ワークスペースを使用して継続的な活動を行うことができます。自由度が高いので、ここでいくつかその使用のパターンを提示します。

まず、Padletの最も基本的な機能は、ワークスペースに付箋を貼るように意見を書き込むというものです。この書き込みは複数の人が同時並行的に行うことができ、ワークスペースを更新すると、自分が書き込んでいる時に他の人が書き込んだ内容が見られるようになります。また、管理者である教員が設定を行うことで、他の人の書き込んだ付箋に「いいね」をしたり、コメントをつけることも可能です。ワークスペースは、いくらでも拡張していくことができ、付箋の数はいくらでも増やすことができます。

次に、外国語授業での活用に適した機能として、「シェルフ」という機能を紹介します。Padletのワークスペースにはいくつかフォーマットがあり、シェルフはそのフォーマットの一つです。フォーマットをシェルフに設定すると、ワークスペースにテーマごとの列を作ることができます。その列ごとに書き込みをしていくことが可能なので、学生にテーマごとに書き込みをさせたり、学生ごとの列を作って、作文課題へのピアコメントの書き込みをさせたりもできます。

(1) ブレインストーミング

授業中に学生の意見を募っていくような活動をする場合、例えば、学んでいる言語の文化と自文化の違いについてどのように考えるか、といったようなことも外国語授業の重要な活動の一環であると考えられますが、そのような場合にPadletは効果的です。作成したワークスペースに登録した学生をアクセスさせると、個々の学生は自分の意見を一枚の付箋に書き込むように記述することができるようになります。その際、教員が取りまとめて、それぞれ書いていく、といったことが必要なくなるだけでなく、学生たちが書き込んだ内容をクラス全体でその場で一覧することができるようになります。

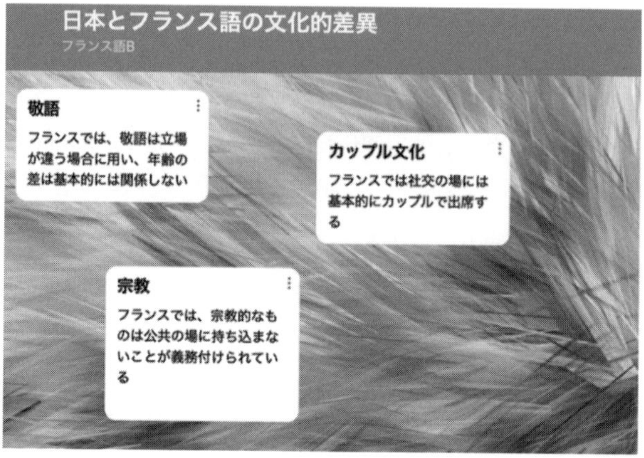

さらに、投稿された付箋同士を連結させることで、書き込まれた意見に連関があるということを示すこともできます。こうして、出てきた意見を系統づけ、より抽象的なテーマにまとめていくといった活動へと発展させることでブレインストーミングの内容はより豊かなものになります。

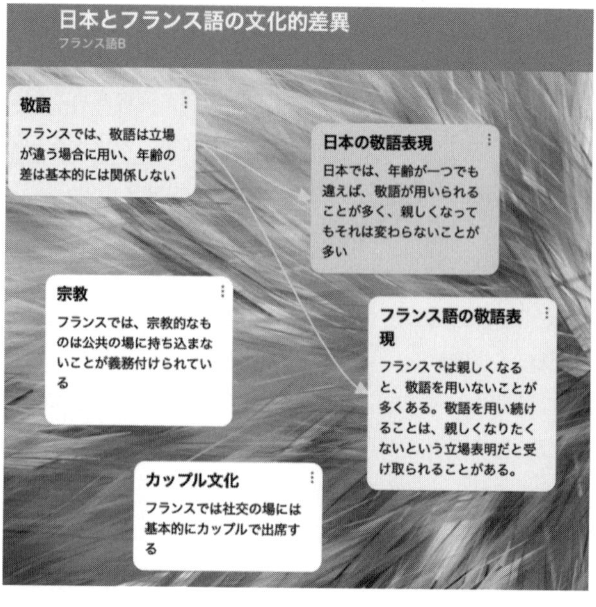

このように、学生からの意見を出させるようなブレインストーミングの活動において、Padletを用いると、出された意見を教員と学生が一覧できます。また、リアクション機能やコメント機能を用いて、学生の投稿に対して、重要だと感じたものに他の学生が「いいね」マークをつけたり、コメントすることが可能です。このようなリアクションは、学生にとってより身近なコミュニケーション方法であり、意見を述べる、といったことに躊躇を覚えるような学生とってもより授業に参加しやすく、他の学生とのコミュニケーションを取りやすいアシストとなると言えるでしょう。

(2)作文とコメント

Padletは、こうした共時的な活動だけでなく、継続的な活動を行うことにも適しています。例えば、作文の課題でのPadlet活用を考えてみましょう。Padletのシェルフ機能を使うと、学生別の列を作ることができます。

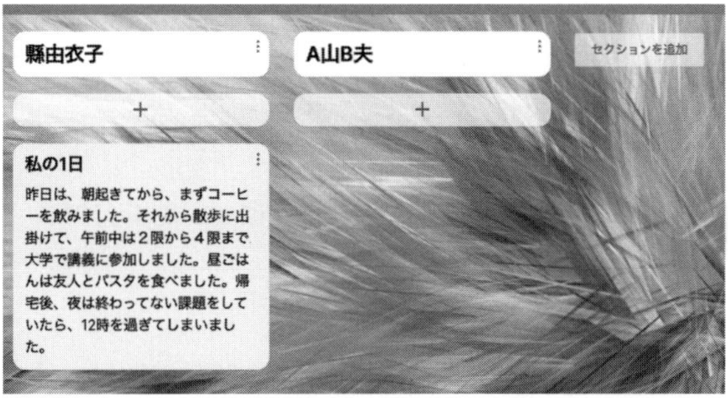

まず、作業過程は次のとおりです。

①学習者は自分の列に作文課題を書き込みます。

②他の学習者の作文を二つ以上読み、改善すべき点と良かった点とをその学生の列に書き込みます（自分に対して寄せられた感想が一望できるだけではなく、他の学習者の作文の内容や評価、改善点も確認できます）。

一般的な対面授業では、学習者が他の学習者の作文を見る機会は限られており、さらにそれに対して他の学生がどのようなリアクションをしているのかを見る機会も多いとは言えません。オープンな形で作文課題を行うことは学習者にとって心理的なハードルの高いものとはなりますが、自分の課題を他の学習者と比較し、新しい表現の可能性や改善の方法などを探る貴重な機会にもなります。また、Padletのワークスペースは一度作成すると、いつでもアクセスできます（無料アカウントで作成できるワークスペースの数は限られています）。例えば第三段階として他の学生からのフィードバックをもとに、さらに次の週に作文を再修正する、といった継続的な活動の発展も考えられます。長期スパンの活動ができるようになることで、外国語授業におけるプロジェクト活動の可能性はさらに拡大していくと言えるでしょう。

(3) 発表とコメント

作文課題と同様にシェルフ機能を用いると、ビデオの発表などについても、活動をより深掘りしていくことができます。Padletの無料アカウントでアップロードできるデータの容量には制限があり、長い動画を扱うことはできません。とはいえ、例えば、学生が撮影した短い動画や、あるいは録音した音声データをPadletのシェルフ機能を用いてアップロードし、そこに他の学生からのフィードバックを行う、あるいは、書き込んだルーブリックもアップロードする、というようなことは可能です。パフォーマンス課題を中心とした外国語授業の授業作りにおいては、時間数の制限からパフォーマンス課題の実施それ自体にかなりの力点が置かれざるを得ない、つまり、パフォーマンス課題が「やりっぱなし」になってしまう、という状況は珍しいことではないのかもしれません。授業時間に時間を十分にとってクラス内からのフィードバックを集め、さらにそれをもとに発表内容をブラッシュアップすることと、年間でできるだけ多くの単元をこなしていくことの両立は困難を極めます。Padletを使ったフィードバックのシステムを利用することで、フィードバックにかかる手間を簡易化するのと同時に、授業外で学生が自由にフィードバックにアクセスする場を確保し、さらに短時間で授業内外でのフィードバックの活動を充実させたものにすることができます。このことは学生自身が行ったことを実感し、更なる成長を自覚するための重要なプロセスとなると考えられます。また、学生にとって親しみやすいコミュニケーションの利用が、外国語という大きなコミュニケーションのハードルを越えやすくするのではないかとも考えられるのです。

5.8 機械翻訳と地域研究

吉川龍生

機械翻訳の活用は、語学学習の場だけにとどまりません。この実践例は、いわゆる一般教養系科目（講義科目）での活用法です。中国語の力がそれほど高くない学習者でも、機械翻訳を利用して時事的なニュースを読むことで、それぞれの記事の持つ観点や評価の違いについて理解するというものです。以下に紹介するのは、香港での出来事に対する、中国（大陸）側のネット新聞の記事（中国政府寄り）と台湾のネット新聞（民進党寄り）の論調を比較しようという試みです。中国と台湾では使用されている漢字の字体も異なり、ひとくちに中国語といっても、その内実が実にさまざまであることを体感することができるでしょう。

記事の細かい内容についてはともかく、両者のタイトルをDeepLに入れて比較してみると、中国側は「香港第3位のオンラインメディア『クラウドニュース』が運営停止を発表、事実誤認を繰り返す報道が話題に」となり、台湾側は「香港メディア『公共新聞』は4日に営業を停止し、劉彩峰は『一国二制度』の精神は死んだと遺憾の意を表した。」という日本語が出力されました。両記事は同じく香港ネットメディアの「衆

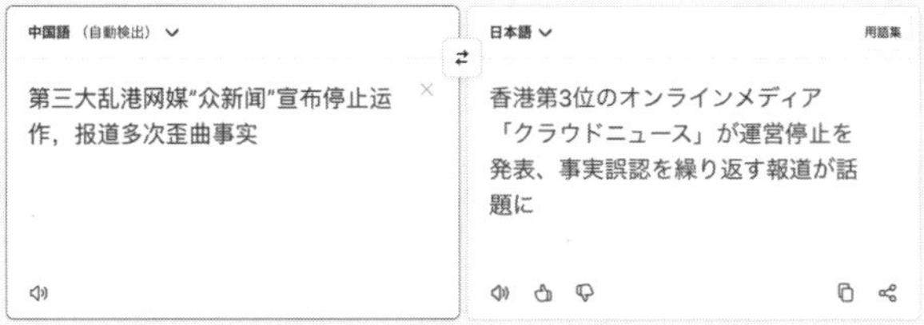

図1 中国（大陸）側タイトルのDeepLの訳

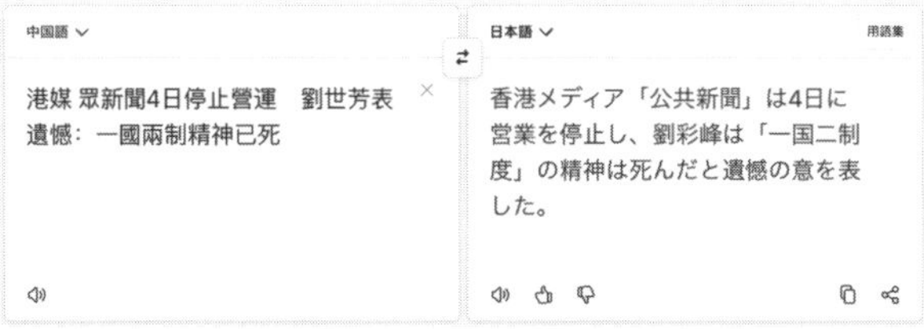

図2 台湾側タイトルのDeepLの訳

新聞」の運営停止を話題にしていますが、一方は事実誤認をくり返したという「衆新聞」批判をして切り捨て、もう一方は一国二制度の精神が死ぬとして「衆新聞」を評価していることが一目瞭然です。特定のトピックについてプラスの評価をしているのか、マイナスを評価しているのかがわかるだけでも、機械翻訳の利用価値があるというものでしょう。なお、DeepLでは、ファイルをそのまま丸ごと翻訳する機能もあります。

おわりに

本書は、慶應義塾大学外国語教育研究センター研究推進委員会のメンバーで行っている研究プロジェクト、日本学術振興会科学研究費補助金「パフォーマンス評価に基づく外国語オンライン教育の高大連携および国際協働による研究」(令和4年度、基盤研究(C)、課題番号：21K00684、研究代表者：吉川龍生)の研究成果です。

私たちの研究の出発点にあったのは、外国人移民や外国人観光客が飛躍的に増加する中で、日本の子どもと若者の目を異言語・異文化に広く開き、これまで以上に異文化間コミュニケーションの力を培っていかなければならない状況にあることです。日本の外国語教育は現在、そうした重要な使命を有しているのにもかかわらず、この方面の研究・実践はやや疎かになっていたきらいがあります。そこで、さまざまな外国語を担当する教員が集まり、語種の垣根を越えてこうした問題に取り組んでいこうということで、この科研プロジェクトが始まりました。

また、慶應義塾大学外国語教育研究センター研究推進委員会では、文部科学省からの委託事業として「教員養成機関等との連携による専門人材育成・確保事業(グローバル化に対応した外国語教育推進事業)」も進めてきました。これは、新学習指導要領の内容について検証を行いながら、これをどのように教育の現場に落とし込んでいくか、大学の教員と中学・高校の教員が協働研究を行うプロジェクトです。大学側メンバーが重なっているということもあり、科研費のプロジェクトと表裏一体の関係で進んできました。本書に取り上げたパフォーマンス課題と評価の実践例も、このグループの先生方が発案し、実際に授業を行ったものを多く採用しています。引用した授業例には原著者のお名前が記してありますが、その他の研究メンバーにも心からお礼を申し上げます。みなさんのすばらしい授業実践がなければ、本書は成立しませんでした。また、この研究活動をサポートし、常に刺激的な提案を出してくださった公益財団法人国際文化フォーラムの水口景子常務理事、ともすると駆け出しがちになる私たちをふんわりと受け止め、足元を確認しながらプロジェクトを前に進めてくれた神奈川県立麻生総合高校の山下誠教諭には、心からの敬意と感謝を捧げます。

そして、三修社の永尾真理さん。研究をただ単に研究に終わらせるのではなく、多くの先生方に知っていただき、できれば実践してもらいたいと考えていた私たちの良き相談相手になって、出版の道筋を付けてくださいました。ありがとうございました。

2022年8月　著者を代表して　境 一三

索引

あ

ICT ... 41, 50, 104, 106, 107, 119, 121, 126, 127, 135

五つの領域 ... 17, 18, 29, 144, 149

インバウンド ... 76

Web会議システム ... 104, 111, 112, 113, 120, 142, 158, 159, 165

英語による学習スキル・ストラテジーの獲得 ... 90

エトランジェ体験 ... 80

LMS ... 104, 105, 108, 109, 110, 111, 120, 121, 122, 125, 126, 127, 128, 134, 141, 159, 166

オーセンティシティ ... 42, 43, 52, 55

オンラインアプリ ... 90, 91, 162

オンライン辞書 ... 90, 114, 115, 116, 117, 118, 119, 137, 138, 139

オンライン授業 ... 81, 104, 105, 106, 109

か

外国語活動 ... 15, 74, 78

外国人流入者 ... 76

外国人労働者 ... 76, 77

学習指導要領 ... 10, 11, 12, 13, 14, 15, 16, 17, 19, 20, 21, 22, 31, 32, 38, 51, 69, 74, 79, 80

価値としての複言語 ... 72, 79, 80

紙の辞書 ... 114, 117, 118, 119, 134, 137, 138, 139, 140, 142

観点別状況評価や評定には示しきれない
　一人ひとりの学習者のよい点・可能性・進歩の状況 ... 35, 59, 60

機械翻訳 ... 29, 44, 108, 114, 115, 116, 117, 120, 134. 135, 136, 171, 172

記述語 ... 47, 48

逆向き設計 ... 13, 20, 21, 22, 25, 29, 31, 32, 33, 39, 40, 46, 47, 49, 109, 110

can-do 24, 63, 64, 65
Quizlet 90, 119, 141, 162, 164
Googleフォーム 108, 121, 122, 124, 132, 134, 136, 141, 164
Google翻訳 90, 91, 114, 116, 135
言語意識 91, 93
言語の多様性 81
高大連携 19
合理的配慮 112, 113

さ

差し込み印刷 110, 125, 126, 159
CEFR 18, 20, 29, 42, 63, 64, 69, 72
思考力・判断力・表現力 17, 18, 24, 30, 34, 35, 57, 58, 59, 60, 61, 79
自己評価 49, 50, 56, 61, 62, 68, 110, 128, 140, 160, 161
資質・能力 17, 19, 22, 29, 32, 51, 56, 57, 58, 59, 63, 66, 69, 79
辞書引き学習 117, 118, 137, 140, 164
指導と評価の計画 29, 31, 32, 33, 36
字幕 111, 113, 165
尺度 47, 48
授業時間外の学修 21, 22, 24, 28, 29
主体的に学ぼうとする態度 35, 59, 60, 61
初等・中等教育 13, 14, 16, 38, 74, 78, 112, 137
自律性／自律的 18, 38, 39, 44, 49, 50, 52, 58, 59, 83, 94
真正の評価論 9, 41

た

第二外国語 …… 10, 11, 13, 14. 19, 22, 43, 51, 74, 81, 83, 89, 115, 116, 120
多言語演習 …… 85
多言語主義 …… 72, 73
単元指導案 …… 35
単元目標 …… 35, 53, 54, 56, 58, 59, 65, 66, 128, 151, 152
知識・技能 …… 17, 18, 22, 24, 30, 34, 35, 57, 58, 59, 60, 61, 63, 64, 65, 66, 67, 72, 79, 152
DeepL …… 114, 116, 135, 171, 172
テディベア・プロジェクト …… 111, 112
電子辞書 …… 90, 114, 119, 134, 137, 138, 139, 140

な

二重の単言語主義 …… 73. 74
年間指導案 …… 32, 34, 39
年間目標 …… 32, 34, 46, 52, 53, 54, 56, 57, 58, 63, 65, 66
能力としての複言語 …… 72, 79, 80

は

ハイブリッド …… 104
発表 …… 18, 23, 30, 33, 38, 39, 40, 41, 42, 43, 46, 53, 60, 61, 62, 67, 68, 82, 96, 97, 110, 134, 138, 139, 144, 146, 147, 148, 149, 150, 151,152, 161, 170, 171
Padlet …… 167, 169, 170
パフォーマンス課題 …… 17, 23, 24, 33, 35, 39, 40, 41, 42, 43, 44, 45, 46, 48, 50, 51, 52, 53, 54, 55, 56, 58, 59, 60, 63, 64, 65, 66, 67, 68, 69, 110, 130, 134, 144, 146, 149, 151, 152, 170

パフォーマンス評価 38, 43, 44, 46, 47, 50, 51
反転授業 29, 111, 127, 130, 134
一つの言語を学びながら他の言語に触れる 83, 86
評価規準 29, 30, 33, 35, 36, 44, 45, 46, 47, 48, 49, 50, 59, 60, 68, 69
フォーラム 110, 126
複言語主義 72, 73, 79, 80, 83, 94, 95
複数言語の同時学習 83, 84, 85, 94
Flipgrid 164, 165, 166

ま

学びに向かう力・人間性 17, 18, 19, 24, 34, 35, 57, 58, 59, 60, 64, 66, 80, 152
Moodle 25, 28, 105, 109, 127, 129, 130, 131, 132, 134
メタ言語認知／メタ言語的な気づき 38, 44, 87, 128, 144
メタ言語能力 19, 20, 72, 93, 94, 95, 114, 115, 116, 120
モデュール 110, 130

や

やり取り 18, 23, 30, 38, 39, 40, 42, 43, 46, 51, 52, 55, 61, 66, 76, 110, 112, 149, 151, 154, 159, 161

ら

ルーブリック 45, 46, 47, 48, 49, 50, 51, 52, 58, 61, 62, 68, 69, 109, 110, 125, 126, 128, 140, 141, 146, 147, 148, 151, 158, 159, 160, 161, 170

参考文献一覧

- 大津由紀雄（2019）「メタ言語能力の育成を基盤に置いた言語教育を目指して」秋田喜代美、斎藤兆史、藤江康彦（編）『メタ言語能力を育てる文法授業――英語科と国語科の連携』ひつじ書房 pp.277-287
- 秋田喜代美、藤江康彦（2021）「UTokyoBiblioPlaza」https://www.u-tokyo.ac.jp/biblioplaza/ja/F_00158.html
- 朝尾幸次郎（2022）「歴史から問い直す学習英文法」『言語教師教育』9（1）pp.1-19
- 阿部一（1998）「社会人の外国語学習――「使える」語学力をどう身につけるか」『英語教育』47（3）pp.23-25
- 飯田北いちょう小学校 http://www.edu.city.yokohama.jp/sch/es/iidakitaicho/information.html
- 庵功雄（2016）『やさしい日本語――多文化共生社会へ』岩波書店
- 岩居弘樹（2020）「医療系大学での「複言語学習のすすめ」の試み――対面授業とオンライン授業の実践報告と学生の声」『複言語・多言語教育研究』8 pp.106-116
- 岩居弘樹、田川千尋、神田麻衣子（2017）「ネイティブスピーカーとデジタルデバイスを活用した多言語演習の取り組み」『日本デジタル教育学会発表予稿集』6（0）pp.71-72 https://www.jstage.jst.go.jp/article/jsdtpr/6/0/6_71/_pdf/-char/ja
- ウィギンズ、グラント／マクタイ、ジェイ（2012）西岡加名恵（訳）『理解をもたらすカリキュラム設計――「逆向き設計」の理論と方法』日本標準
- 欧州評議会言語政策局（2016）『言語の多様性から複言語教育へ――ヨーロッパ言語教育政策策定ガイド』くろしお出版
- 奥村好美、西岡加名恵（編著）（2020）『逆向き設計実践ガイドブック――『理解をもたらすカリキュラム設計』を読む・活かす・共有する』日本標準
- 厚生労働省（2021）「外国人雇用状況」の届出状況まとめ【本文】https://www.mhlw.go.jp/content/11655000/000887554.pdf
- 酒井志延（編著）（2019）『ワクワクする小学校英語授業の作り方』大修館書店

- 清野智昭（2014）『ドイツ語のしくみ』白水社
- 寺沢拓敬（2014）『「なんで英語やるの？」の戦後史――《国民教育》としての英語、その伝統の成立過程』研究社
- 寺沢拓敬（2015）『「日本人と英語」の社会学――なぜ英語教育論は誤解だらけなのか』研究社
- ガリー、トム（2020）大崎さつき、久村研（訳）「機械翻訳が日本の英語教育に与える影響」『言語教師教育』7（1）pp.1-12
- 西岡加名恵、田中耕治（編著）（2009）『「活用する力」を育てる授業と評価』学事出版
- 堀田隆一（2016）『英語の「なぜ？」に答えるはじめての英語史』研究社
- 森田光宏、榎田一路（編著）（2021）『コロナ禍の言語教育――広島大学外国語教育研究センターによるオンライン授業の実践』渓水社
- 文部科学省（2010）「資料3：合理的配慮について」 https://www.mext.go.jp/b_menu/shingi/chukyo/chukyo3/044/attach/1297380.htm
- 文部科学省（2011）「学習指導要領とは」 https://www.mext.go.jp/a_menu/shotou/new-cs/idea/index.htm
- 文部科学省（2017）「新しい学習指導要領の考え方」 https://www.mext.go.jp/a_menu/shotou/new-cs/__icsFiles/afieldfile/2017/09/28/1396716_1.pdf
- 文部科学省（2020）「外国語教育の抜本的強化のイメージ」 https://www.mext.go.jp/content/000025257.pdf
- 山崎吉朗（2020）「中等教育における英語以外の外国語教育の現状と展望――大学入試、文科省の政策、東京都の政策」『アジア諸語の言語類型と社会・文化的多様性を考慮したCEFR能力記述方法の開発研究―中間報告書（2018–2019）』文部科学省科学研究費基盤研究（B）報告書 pp.55-71

- 山西優二（ほか）「多言語・多文化教材研究」
http://www.waseda.jp/prj-tagengo2013/blog/html/index.html
- 山本冴里（2017）「山口大学国際総合科学部「言語学習の理論と実践Ⅰ」の背景と構成――「価値として、また能力としての複言語主義」促進を念頭に」『複言語・多言語教育研究』5 pp.88-100
- 渡部昇一（2007）『講談・英語の歴史』PHP研究所
- NITS独立行政法人教職員支援機構（2018）「新学習指導要領編 No.19：中学校学習指導要領 外国語科の改訂のポイント講師：文部科学省教育課程課教科調査官山田誠志」https://www.youtube.com/watch?v=mYitMCqF4NE
- Dorren, Gaston（2015）*Lingo: Around Europe in Sixty Languages*, Globe Press
- Glaboniat, Manuela et al.（2005）, *Profile deutsch* Langenscheidt
- LIN, Chin-hui（2022）Emergency Remote Chinese Language Learning at a German University: Student Perceptions. LIU,Shijuan et.al *Teaching the Chinese Language Remotely: Global Cases and Perspectives*, pp.138-139
- OECD *OECD International Migration Database and labour market outcomes of immigrants* https://www.oecd.org/els/mig/keystat.htm
- Smith, Cierra J.（2020）*Nelson Mandela Quote Bullet Journal*, Independently published
- Wiggins, Grant & McTighe, Jay（2005）*Understanding by Design*, Association for Supervision and Curriculum Development

＊Webサイトは、いずれも2022年5月29日最終確認。

著者略歴（五十音順）

縣　由衣子（あがた ゆいこ）

慶應義塾大学非常勤講師。慶應義塾大学外国語教育研究センター助教を経て現職。専門はフランス現代思想、ミシェル・セール研究、外国語教育、フランス語教育。主著に「外国語教育における「資質・能力」からパフォーマンス課題および評価を考える―文部科学省委託事業「教員養成機関等との連携による専門人材育成・確保事業」研究成果報告」（『慶應義塾外国語教育研究』18、2022年）、「慶應義塾大学外国語教育研究センター研究プロジェクト「グローバル化に対応した外国語推進事業」における高大協働による取り組みとその実践例」（『慶應義塾外国語教育研究』17、2021年、共著）、「ミシェル・セールにおける「第三項排除tiers exclu」と「混合体corps mêlés」―弁証法に対する二つの批判的変型」（『哲学』72、2021年）など。

境　一三（さかい かずみ）

獨協大学外国語学部特任教授、慶應義塾大学名誉教授。成蹊大学法学部専任講師・助教授、慶應義塾大学経済学部助教授・教授を経て現職。専門はドイツ語教育を中心とする外国語教育学。主著に『多言語教育の意味とは？』（iudicium Verlag、2021年、共編著）、「オンライン授業の可能性について―コロナ禍状況での実践を振り返って―」（『ドイツ語教育』25、2021年）、「やさしい日本語と機械翻訳による言語意識の向上について」（『ドイツ文学』162、2021年）、「東京を拠点とする韓国伝統芸能従事者の言語への態度―言語政策研究への発展可能性の検討―」（『言語政策』17、2021年、共著）、「イタリア・南チロルにおけるCLIL―ドイツ語系学校への導入を巡って―」（『言語政策』16、2020年、共著）、『ことばを教える・ことばを学ぶ』（行路社、2018年、共著）、『多言語主義社会に向けて』（くろしお出版、2017年、共著）など。

山下一夫（やました かずお）

慶應義塾大学理工学部教授、慶應義塾大学外国語教育研究センター副所長、文部科学省委託「グローバル化に対応した外国語教育推進事業（慶應義塾大学）」研究主任。神田外語大学外国語学部専任講師・准教授を経て現職。専門は中華圏の古典小説・伝統演劇・宗教信仰・大衆文化および外国語教育。主著に「多様な“中国語”を受容可能にする授業へ―ドイツの大学における中国語教育の事例から」（『慶應義塾外国語教育研究』18、2022年、共著）、『台灣戲曲唱本資料彙編』（博揚文化、2020年、共編）、「イギリスから見た日本の中国語教育―学習指導要領の問題を中心に」（『慶應義塾外国語教育研究』15、2018年、共著）、『全訳封神演義』（勉誠出版、2017年・2018年、共訳）など。

吉川龍生（よしかわ たつお）

慶應義塾大学経済学部教授、科研費・基盤研究（C）「パフォーマンス評価に基づく外国語オンライン教育の高大連携および国際協働による研究」代表。慶應義塾高等学校国語科教諭、東京大学教養学部非常勤講師などを経て現職。専門は中国語圏映画・中国近現代文学・外国語教育。主著に「高等学校の中国語授業における辞書引き学習導入実践―紙の辞書とオンラインツール活用の試み―」（『慶應義塾外国語教育研究』18、2022年、共著）、「イギリスの小学校英語教育におけるJB（辞書引き学習）モデル導入事例に関する考察」（『複言語・多言語教育研究』8、2020年、共著）、『私たちの青春、台湾』（五月書房新社、2020年、共訳）など。

外《がい》国《こく》語《ご》教《きょう》育《いく》を変《か》えるために

2022年12月20日　第1刷発行

著　　者　境　一三
　　　　　山下 一夫
　　　　　吉川 龍生
　　　　　縣 由衣子

発 行 者　前田 俊秀

発 行 所　株式会社 三修社
　　　　　〒150-0001 東京都渋谷区神宮前2-2-22
　　　　　TEL　03-3405-4511
　　　　　FAX　03-3405-4522
　　　　　振替　00190-9-72758
　　　　　https://www.sanshusha.co.jp
　　　　　編集担当　永尾 真理

印刷・製本　日経印刷株式会社

装丁・DTP　秋田 康弘

 ISBN978-4-384-06029-4 C1080